管理的艺术
高效管理权威指南

[英]乔·欧文（Jo Owen）◎著
路旦俊 鄢宏福 ◎译

原书第5版

湖南科学技术出版社

图书在版编目（CIP）数据

管理的艺术：高效管理权威指南／（英）乔·欧文（Jo Owen）著；路旦俊，鄢宏福译.--长沙：湖南科学技术出版社，2021.1
 书名原文：HOW TO MANAGE
 ISBN 978-7-5710-0575-7

Ⅰ.①管… Ⅱ.①乔… ②路… ③鄢… Ⅲ.①管理学 Ⅳ.①C93

中国版本图书馆 CIP 数据核字(2020)第 082056 号

著作权合同登记号：18-2020-059
中文简体字版权专有权归湖南科学技术出版社所有
HOW TO MANAGE
978-1-292-23260-7 by Jo Owen, Copyright © Jo Owen 2006, 2009(print), 2012, 2015, 2018(print and electronic)
This translation of HOW TO MANAGE is published by arrangement with Pearson Education Limited.
Simplified Chinese Translation copyright © 2020 by Hunan Science&Technology Press.
ALL RIGHTS RESERVED

本书封面贴有 Pearson Education（培生教育出版集团）激光防伪标签，无标签者不得销售。

GUANLI DE YISHU GAOXIAO GUANLI QUANWEI ZHINAN
管理的艺术　高效管理权威指南

著　　者：[英]乔·欧文
译　　者：路旦俊　鄢宏福
策　　划：张　琴
责任编辑：李　柔
出版发行：湖南科学技术出版社
社　　址：长沙市湘雅路 276 号
　　　　　http://www.hnstp.com
湖南科学技术出版社天猫旗舰店网址：
　　　　　http://hnkjcbs.tmall.com
印　　刷：长沙鸿发印务实业有限公司
　　　　　（印装质量问题请直接与本厂联系）
厂　　址：长沙县黄花镇工业园 3 号
邮　　编：410137
版　　次：2021 年 1 月第 1 版
印　　次：2021 年 1 月第 1 次印刷
开　　本：889mm×1194mm　1/32
印　　张：11.125
字　　数：214 千字
书　　号：ISBN 978-7-5710-0575-7
定　　价：58.00 元

（版权所有·翻印必究）

第5版前言

《管理的艺术——高效管理权威指南》堪称一部经典之作,阐述了通往成功之路所需的理性技能、政治技能和情感技能。

著者与管理者一样,要想保持与时俱进,就必须不断学习、成长和前进。《管理的艺术——高效管理权威指南》首次出版至今,我收到了读者很多有益的建议,他们希望本书能涉及更多话题;我也收到了读者分享的很多故事和想法。遗憾的是,拙著无法将所有这些素材和想法全部呈现。

第5版的主要变动在于,笔者认识到管理的本质会随管理者的发展而变化。初出茅庐的管理者管理一个5人团队,与执掌一个大型跨国公司的全球部门截然不同。该版第一次阐明了管理者的角色会如何随着管理者的发展而变化,生存和成功法则如何变化,以及管理者为了发展需要如何学习和改变。这些内容是第五章关注的焦点,这一章进行了大幅修订。

除了上述变动之外,我还对全书进行了修订,更新了一些故事和案例,并在适当的地方增加了新的故事和案例。鉴于读者的时间非常宝贵,我还尽可能地对各章原有的内容进行压缩,从而腾出空间增添新的内容。

读者可以自由选择阅读这本书的顺序。我一直在关注成功所需的各项技能,每项技能各占一个章节,各部分可以独立存在。这样一来,读者可以各取所需,关注自己最需要的领域。当然,本书是按照逻辑的顺序进行编排的,如果你有时间,尽可以按照常规的方式,从前往后阅读。

本书的基本内容和框架并未改变:优秀的管理者必须兼具智商(IQ)、情商(EQ)和政治商(PQ)。本书并非一本管理学理论著作,它是通往成功管理的指南,任何人都可以付诸实践。

目　录

第一章　引言与总论：真实世界的真正管理者　／001

第二章　理性管理技能：处理问题、任务和资金　／017

第三章　情感管理技能：处理人际关系　／093

第四章　政治管理技能：获取权力，实现目标　／193

第五章　管理商技能：管理你的职业生涯　／307

第一章

引言与总论:
真实世界的真正管理者

第一章　引言与总论：真实世界的真正管理者

过去的管理比现在要容易得多：老板负责领导，工人负责工作；管理者用脑，工人动手。脑力劳动和体力劳动泾渭分明。那时，对管理者来说是美好时光，对工人来说则十分糟糕。

不知从何时开始，管理者的处境发生了逆转。工人日益获得了更多的权益，管理者逐渐失去了优势。工人的工作时间缩短，管理者的工作时间延长。工人充分享受每天 24 小时、每周 7 天的经济政策带来的福利，管理者却面临巨大的压力，被电子邮件、短信和电话等"电子镣铐"牢牢束缚。

管理变得更加艰难，管理的边界也更加模糊。请思考一下你所在的组织赖以成功和生存的法则。你会发现，通过正式的评估标准来寻找生存和成功法则，只会徒劳无益：

- 如果我想生存下去，我要冒多大的风险？如果我想获得成功，我要冒多大的风险？
- 我应该参与哪些项目，与什么样的人合作？
- 我什么时候该挺身而出、努力争取，什么时候该保持风度、全身而退？
- 在这个组织里，如何做事？
- 需要避开哪些陷阱？
- 我该如何管理我的上司？

对于这些问题，没有策略手册充当你的指引，也没有培训项目助你一臂之力。管理者无法得到一份用户指南或者保证书。对于事关重大的法则，你全得靠自己领悟。策略只对无足轻重的法则起作用。

在实践中，通过对成功者、生存者和艰难挣扎者进行对比，我们发现了生存和成功的法则，以及他们取得成功、生存下来或者艰难挣扎背后的原因。请看一看你的工作单位里谁获得了成功，成功者往往是那些一直表现出众的人。但是在扁平化组织里，明确谁到底负责什么可能比较困难。

大多数评估体系都关注两类特征，对于这两类特征的叫法各式各样。

传统上，管理者（用脑）要比工人（动手）聪明，所以，高智商（IQ）至关重要。很多评估体系至今仍然评估智商。很多商学院入门测试以GMAT考试（普通测试）的形式进行，这种考试仍然看重智商。在公司里，智商通常体现在解决问题的能力、分析能力、商业判断力和洞察力等方面。

但是仅有高智商还不够，管理的精髓在于通过管理他人实现目标。很多人拥有高智商，却做不出什么成就。大部分公司还注重人际交往能力，或者高情商（EQ）。情商有时也称作团队合作能力、适应能力、人际交往能力、领导力、激励能力等。

"但是仅有高智商还不够，管理的精髓在于通过管理他人实现目标。"

现在，请用智商和情商标准来评判一下成功者和失败者。观察一下你的工作单位，你会发现：尽管媒体持有偏见，但是聪明（智商）、和蔼（情商）的管理者不乏其人。然而，你也会发现，很多既聪明又和蔼的人在一潭死水般的组织中过着湮没无闻的生活：他们备受众人喜爱却成绩平平。与此同时，很多成功的管理者既不聪明又不和蔼，却踩着聪明、和蔼的管理者的肩膀平步青云。

这里似乎缺少了什么。高智商和高情商固不可少，但仅有这两样还不够，管理者还需跨越另外一重障碍。

这个新的障碍就是政治头脑，或者叫政治商（Political Quotient，简称PQ）。政治商在一定程度上与如何获取权力有关，还包括知晓如何使用权力实现目标。这正是管理的核心所在——通过管理他人实现目标。

当然，所有的管理者都需要一定的政治商。但是在过去的指挥和控制层级中，实现目标并不需要太高的政治商，只需发布一项命令足矣。在今天扁平化和矩阵式的组织中，权力更加分散模糊。如果说过去的管理是通过管理他人实现目标的话，那么今天的管理就是通过管理你可能无法控制、甚至你并不喜欢的人实现目标。如果说管理领域存在革命的话，那么革命不在于技术：技术革命已经发生了至少两百年。管理革命在于，如何在更加复杂、艰难和模糊的世界中实现目标。

实现目标意味着你必须与他人结盟，寻求帮助和支持，将管理范围拓展到正式权力界限之外。你需要的很多资源可能在你自己的组织中并不存在。为了实现目标，管理者可能需要前所未有的政治商。

成功的管理者是三维的：兼具智商、情商和政治商，每一种商数都包含一系列可以学习的技能。成功的管理者不必在专业方面十分突出：很多学术机构里充满高智商的人，但是管理却混乱不堪。本书将告诉你，成功的管理者不需要学术上的天赋。同理，情商和政治商代表的相关技能，所有管理者都能学习。

本书阐述了智商、情商和政治商背后的管理技能，告诉你如何在管理革命中培养生存能力和成功能力。书中摒弃了喧闹嘈杂的日常管理争斗和纷繁芜杂的管理学理论，专注管理者所需的关键技能和干预措施，告诉你在这个更加艰难和复杂的世界里，你应该做什么以及怎么做。

在了解这一轮管理变革之前，我们首先要了解一下这轮革命因何而来，走向何处。

第一章 引言与总论：真实世界的真正管理者

理性管理

文明诞生之后，管理便应运而生——但那时候人们尚未意识到它的存在。随着工业革命的到来，大规模的经营呼唤大规模的组织，管理学才开始演变成一门独立的学科。早期的管理组织和管理策略以军事策略和军事组织为基础，即传统的指挥与控制。

随着时间的推移，工业管理从军事管理中脱离出来。正如牛顿发现了物理学定律一样，管理者开始探索商业和管理取得成功的专门法则。虽然学术界在探索这种法则，而实际上成功的企业家并非仰赖理论取得成功，在较早的时候，科学管理是为了取得成功而进行的早期尝试。

弗雷德里克·泰勒（Frederick Taylor）是科学管理学权威，他于1911年撰写了《科学管理原理》（*The Principles of Scientific Management*）。从下面的论述就可以管窥他的风格：

"首先一点,将冶炼生铁作为职业的人,必定是一个愚蠢而冷淡的人,性格上与公牛无异。思维敏捷、聪明伶俐的人,断然不会从事这种单调乏味的工作。"

泰勒对工人有一种整体的模糊认识，认为只要不遭受惩罚，工人就会尽力偷懒。他的研究并不完全出自偏见，也有密切观察作为支持。这在当时形成了一些革命性的观点：

- 无论工人是否愿意,他们被迫定时休息,因为这样可以提高生产力。
- 不同类型的工人应当分配不同类型的工作,使其在适当的工作岗位上发挥最大效率。
- 生产线(例如组装汽车和制作快餐的生产线)能将生产效率最大化,同时也将员工所需的技能和成本最小化。

时至今日,这些理论仍然在发挥作用。

亨利·福特在汽车生产中引进了流水生产线,科学管理(或者理性管理)随即焕发生机。随后在1908—1913年间,他完善了这一理念,开始生产T型汽车,并自信地将其称之为"大众化汽车"。截至1927年,约1500万辆汽车走下装配线,随即成为大众消费品,席卷了高成本手工制造汽车的模式。

即使到了21世纪,理性管理依然生机勃勃:它依然存在于汽车装配线、快餐店和客户服务中心之中。在这些工作场所,不幸的操作人员按照固定的脚本工作,与机器无异。很多公司甚至顺理成章地彻底放弃人力,让消费者直接与机器进行交流。

情感管理

理性和科学管理的世界比较简单:它建立在仔细观察和

第一章 引言与总论：真实世界的真正管理者

严格计算的基础之上。

之后，管理者面临的形势变得越来越复杂。

在此期间，有人发现，工人不仅是生产单位，还可能成为消费单位。他们有希望、恐惧、感情，甚至间或也有想法，归根到底，他们是人。这让管理者变得疑惑起来，他们不仅要处理问题，还要处理人际关系。

随着时间的推移，人际关系变得越来越难处理。工人的受教育水平越来越高，技能越来越专业：如今他们的贡献更大，期待也更高。他们变得更加富裕、更加独立。一个镇上只有一家工厂的日子已经一去不返，雇佣的形式也越来越多样化。"福利国家"（Welfare State）的概念应运而生，找不到工作甚至不愿工作的人皆可获得福利。雇主丧失了强制权，他们再也不能要求员工忠诚不二；他们必须赢得员工的忠诚。渐渐地，工作场合的服从文化转变成了认同文化。

管理的挑战在于创造高度认同的工作场所，让员工充满希望，而不是简单地利用人们的恐惧。弗雷德里克·泰勒的专著出版84年之后，丹尼尔·戈尔曼（Daniel Goleman）1995年发表了《情感智慧：为何情商比智商更加重要》（*Emotional Intelligence: Why it can matter more than IQ*），一跃成为情商管理专家。实际上，他在推广一种几十年前就诞生的思想——早在1920年，哥伦比亚大学的 E. L. 桑代克（E. L. Thorndike）就发表了"社交智慧"方面的论述。在很长一段时间里，思想家们已经意识到，高智商与人生成功并无直接关系：成功还受到其他一些重要因素的影响。

在工作场所，有关情商（而不是智商）的实验早就在进行。尤其是日本人，通过"不断改善经营方法"等创新举措，在正确管理工人方面（甚至在汽车生产线上也是如此）取得了显著的进步。日本人的灵感可能是来自美国人 W. 爱德华兹·戴明（W. Edwards Deming），具有讽刺意味的是，等到日本人利用戴明的思想击垮美国的汽车制造业之后，戴明的思想才开始在美国得到重视。

到了 20 世纪末，管理者的工作变得比 19 世纪末更加复杂。20 世纪的管理者需要像 100 年前的前辈们一样聪明。他们需要智商来处理问题，还需要情商来处理人际关系。大多数管理者发现，他们只擅长一个方面，很少有人智商和情商两者兼备。高效管理的衡量标准被大幅提高。

政治管理

二维的管理者不存在，除非是卡通人物，真实的工人和管理者存在于三维空间里。高智商和高情商的概念很好，但它们尚不足以解释不同类型的管理者获得成功或遭受失败的原因。还缺少了某种东西。

要寻找这个谜题，第一个线索是要认识到组织是因冲突而建立的。这种认识会令很多学者感到惊讶，因为他们认为组织建立的宗旨是为了合作。实际上，管理者要争夺组织内

第一章 引言与总论：真实世界的真正管理者

部有限的时间、资金和预算，而需求总是大于资源，决定这些方面优先顺序的方式就是内部斗争。市场、生产、服务、人力资源等部门，以及不同产品和地区都会为了自身的利益一争高下。

"对很多管理者来说，真正的竞争不在市场上，而是坐在办公桌旁，争取同一个晋升机会和分红机会。"

寻找这个谜题的第二个线索是：观察企业内部预算、时间、薪酬和晋升竞争中，谁是赢家、谁是输家。如果我们相信高智商和高情商理论，那么所有聪明、和蔼的人都应该走上高层。对大部分公司进行随机观察之后，我们发现事实情况并非如此。聪明、和蔼的人并不总是会赢，很多人在公司表现平平，过着湮没无闻的生活；另一方面，我们大多数人都看到，一些高级管理者既不聪明又不和气，却莫名其妙地登上了权力的顶峰。

很明显，除了智商和情商之外，还有别的因素在起作用。

在办公室的闲聊之中很容易就能发现缺失的因素到底是什么。闲谈时，人们经常会谈论公司里谁升谁降，谁去谁留，谁对谁做了什么，新的机遇在哪里，哪些项目很棘手以及如何回避等话题。这种谈话表明：人不只是社会动物，还是政治动物。

任何组织都无法回避政治。政治并非新生事物：莎士比亚的戏剧《尤利乌斯·恺撒》（Julius Caesar）便是一部政治剧；马基雅维利的《君主论》（The Prince）是一部成功的政治管理指南。政治一直存在，但是它一直被视为一个有些肮脏的话题，因此不适合进行学术分析或者作为企业培训的内容。恺撒遇刺表明了不谙政治的严重后果，正如布鲁斯特对恺撒所说的一样，当有人对你说"我支持你"的时候，警觉的管理者会意识到：他们可能会在你背后捅刀。

对有些人来说，政治是一种邪恶的力量，它意味着背后捅刀；对那些更加高效的管理者来说，它却是一种良性的力量。政治商是引导组织共同为你工作、为你奋斗的艺术，是通过管理组织内你无法控制的部门来实现目标的艺术。这就使得政治商成为现代管理的核心所在，在现代管理中，管理者发现他们并不能控制获得成功所需的全部资源。

智商和情商都不足以处理政治，控制和权力存在恒久的竞争。不断的变革需求不仅要求改变个体，还要求改变组织内部的权力平衡。对于这些高度政治化的行为，成功的管理者需要高深的政治和组织技能。

政治的重要性正不断增长且将持续增长，因为管理的本质正在改变。在过去20年里，管理领域的变革进展缓慢，从日复一日的工作中，你看不见变革的影子，除非突然遭到来自外包、离岸外包、流程重组等方面的变革冲击。但是很显然，20多年来，旧秩序正在消亡而新秩序正在形成。

旧秩序建立在指挥与控制的基础之上。管理者的工作就

第一章 引言与总论：真实世界的真正管理者

是在指挥链上传达命令，同时将信息向上反馈。高效的管理者通过控制别人来实现目标。

由于管理者对实现目标所需的全部资源不再具有掌控权，一切随之改变。如今，你必须管理你无法控制、甚至不喜欢的人来实现目标。传统的指挥与控制在当今世界已经不再适用，你不能指挥你的同级、同事、顾客和上司遵照你的旨意。你必须学习一套全新的技能，包括影响、说服、建立信任网络、保证资源和团队，在没有正式权力的前提下实现目标：这便是政治商的真实世界。

很明显，有些管理者和组织依然处在指挥与控制的旧世界之中。但是，这种工作方式已经大势已去，即便是公共部门也面临变革。要想保持生机，你必须确保你在变革之中选对方向。在日趋复杂与模糊的世界中学习政治商技能，从而不断发展，你会拥有前所未有的机遇。

管理商

现在我们必须认识到，真正的管理者是三维的。除了高智商和高情商之外，管理者还需要高政治商。如果给成功的管理总结成一个公式的话，那么似乎可以归纳为：

管理商＝智商＋情商＋政治商

要提高管理商（Management Quotient，简称 MQ），就要提高智商、情商和政治商（如图 1.1 所示）。这个成功公式说起来容易，做起来难。

管理商是指管理实践，而不是管理理论。本书将告诉你如何使用管理商这一简单框架：

- 评估你的管理潜能。
- 评估团队成员，帮助他们明确提升路径。
- 明确和培养需要加强的核心技能。
- 明确在你的组织中的生存和成功法则。

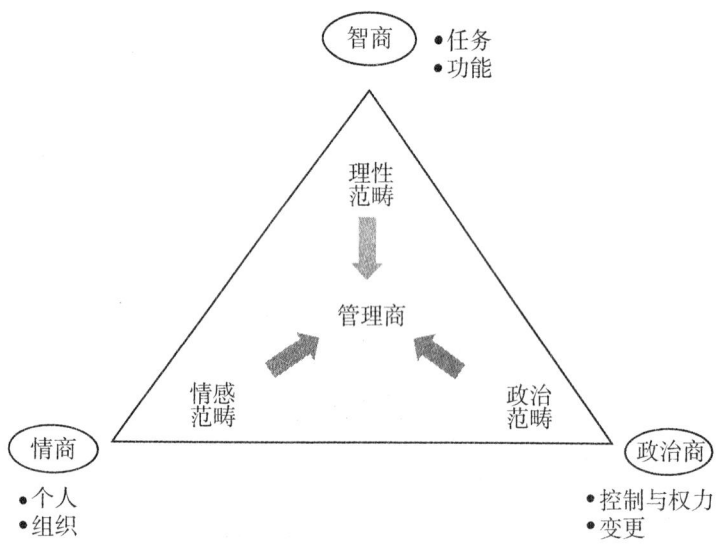

图1.1 管理商的构成

第一章　引言与总论：真实世界的真正管理者

管理商的构成

使用管理商公式的方法多种多样，可能带来成功，也可能招致失败。每个人以不同的方式开发和运用智商、情商和政治商，从而应对不同的环境。你的管理风格与你的DNA一样独一无二。本书提供的并不是成功管理的统一模式，而是让你得到更好的指导。书中提供的一系列框架和工具，能帮助你理解和应对典型的管理挑战。

有人将框架视作束缚，不假思索地将同一模式运用到各种各样的环境中。也有些人将框架视作脚手架，在此基础上建立起独特的管理风格，然后根据具体情况灵活运用不同的工具。本书将帮助你灵活运用这些工具和框架，不仅展示理论，而且阐述真实运用——理论在什么情况下有效，在什么情况下无效。我们一直都从实践中学习，包括成功的实践和失败的实践。本书汇聚了数千年来管理者积累的经验，对其善加利用，你将能提高自己的管理商，并在管理实践中取得成功。

第二章

理性管理技能:
处理问题、任务和资金

第二章 理性管理技能：处理问题、任务和资金

精明的管理者不同于精明的知识分子。聪明的教授很少成为杰出的管理者，相反，现在很多成功的企业家都曾是大学辍学生。比尔·盖茨、劳伦斯·埃里森、李嘉诚、马克·扎克伯格和阿曼西奥·奥特加都没有学位，却身价数十亿甚至更高，他们都名列全球财富排行榜前二十。

咨询杰出管理者成功的秘诀，是一种谄媚逢迎的行为，结果只能是些陈词滥调或者自我吹嘘。我就做过这类咨询，这种事做过一次就好，根本不值得再次尝试。在多数情况下，他们会谈论经验和直觉这类事情，这毫无用处。直觉无法传授，经验也不是初级管理者所能具备的，只有等他们积累足够的经验，才能成为管理俱乐部的一员。我必须找到一条新的途径去探索管理者的思维，而不是整天将他们连接到机器上。所以，接下来我做了一件很有益的事：我决定观察他们工作。观察他人工作显然比亲自工作更令人愉快。

每个人每天的工作都不一样。有些人喜欢面对面工作，不喜欢邮件往来；有些人的工作完全被大型会议占据；有些

人工作时间长，有些人工作时间短。但是，只要我们撇开这些差异，就会发现管理者的日常工作都遵循一定的模式：

- 时间高度碎片化。
- 管理多个甚至相互冲突的事项。
- 管理多个领域。
- 需要对源源不断的信息做出反应、改变和调整。
- 独立工作时间短。

这是大多数管理者都熟悉的工作模式。这种工作模式就像一边颠足球，一边以百米冲刺的形式跑马拉松，而且绝不允许足球掉下来。在当今世界里，变得忙碌很容易，但是提高影响力却很难，行动并不能代替成果。现在的管理者面临的挑战是如何才能事半功倍。

"行动不能代替成果。"

这时，请停下来，思考一下你在日常管理工作中所忽视的事情：

- 运用贝叶斯定理和决策树等正式的工具来帮助决策。
- 独自深入思考抑或通过团队合作，借助正式的问题解决技巧来解决问题。
- 对业务进行正式的战略分析。

第二章 理性管理技能：处理问题、任务和资金

有很多MBA工具，多数管理者在日常工作中并不重视：组织和战略理论缺失；财务和会计工具只在财务和会计部门发挥作用；对运营和IT部门的大多数人来说，市场部门的工作依然十分神秘。

多数管理者日常工作中不重视的这些工具并非不重要，尽管不常用到，但是能在关键时刻发挥作用。如果所有的管理者都不断地对业务进行战略评估，那么大多数的组织难以长期生存下去；但是如果公司CEO每5年对公司进行一次全面的战略评估，则可以给业务带来转机。

如今，我对管理艺术的探索已经迷失在日常管理工作的行动旋涡之中。看来，优秀的管理者不必具有高超的智力，也不需要教科书和课程中的标准智力和分析工具。但是很少有人会说比尔·盖茨和理查德·布兰登愚蠢。我们采访的所有领导者和管理者的智力都足以支持他们获得权力和影响力。他们很聪明，但不是传统学校教育意义上的聪明。管理智慧不同于学术能力。

我们决定继续深挖，因此打破了"当你身处洞中，就要停止挖掘"这一黄金法则。我们希望我们挖的不是洞，我们希望我们在挖掘理解管理思维方式的基础。最终，我们发现了这些基础——在本章的后续部分加以讨论——任何管理者都可以学习并获得：

- 目标导向：关注结果。

- 做出成绩：业绩与观点。
- 做出决策：快速形成直觉。
- 解决问题：枷锁、框架与工具。
- 战略思维：现实、浪漫与经典。
- 制定预算：业绩中的政治。
- 管理预算：年度例行事项。
- 管理成本：将痛苦降到最低。
- 善用电子表格：假设，而非运算。
- 了解数字：玩数字游戏。

如果我们在智力标准上严格要求，那么并非所有这些技能都应该出现在管理智商这一章中。但是，随机性的背后也有一些方法可循。

本章之所以包含"目标导向"和"做出成绩"的内容，是因为这两项内容是高效管理者思维的核心，他们的思想受到达成结果和做出成绩的驱动。这种思维方式非常实用有效，与教科书和学术界一贯倡导的思维方式大相径庭。它关注结果，而非行动。

"做出决策""解决问题"和"战略思维"是传统的智商技能。教科书上所说的管理者的思维方式与管理者真正的思维方式之间存在很大差别。教科书上描述的是完美的方案，而完美的方案在现实中不可能存在。寻找完美方案往往会陷入停滞，实用的方案才会带来优秀管理者们预期的结果——行动。对很多管理者来说，真正的问题不在于找到答案。真正的挑战在于找到问题。真正优秀的管理者会将时间花在寻找问题上，然后才会寻找实用的答案。

"完美的方案在现实中不可能存在。"

制定预算、管理预算、管理成本、善用电子表格和了解数字这些内容可以合称为财务商数。我们本以为财务和会计百分之百属于智商范畴，结果我们完全错了。从理论上讲，财务管理是十分客观和依赖智力的活动，答案应该是非对即错：数字要么对得上，要么对不上。对于管理者来说，智力挑战是诸多挑战中次要的部分。挑战中主要的部分不是智力，而是政治。大多数有关财务的讨论和磋商都是有关资金、权力、资源、承诺与期望的政治协商。从很多方面看，财务管理更应该属于政治商这一章的内容。为了与财务理论保持一致，这些内容才归在了智商这一章。

在以下各小节里，我们将以适当的篇幅阐述理论。理论并非一无用处：好的理论能够创建一个框架，帮助我们认识纷繁芜杂的问题。但是，关键是管理者要在实践中开发和利用这些智商技能的方法。

目标导向：关注结果

管理者早就知道"重要的事情优先办"，这么说无异于废话，关键在于你认为什么事情"重要"。在实践中，管理者并不是从头开始，高效的管理者是从结尾开始的。

为了方便快速阅读的读者，让我们重申一遍：高效的管理者从结尾开始。

从结果往回看，而不是从现在开始蹒跚向前，这是优秀管理者思维和工作的核心。结果导向十分关键，因为这一导向能带来以下结果：

- 明确目标和重要事项。
- 推动人们采取行动，而不是停留在分析层面。
- 寻找前进的积极方法，而不是担忧过去。
- 简化任务的优先顺序。
- 有助于明确并规避潜在障碍。

关注结果比较容易掌握，只需要不断问自己以下四个问题：

1. 在这种情况下，我想得到什么结果？
2. 在这种情况下，别人期待得到什么结果？
3. 得到结果至少需要哪几个步骤？
4. 采取这种行动的后果有哪些？

只要不断问自己这些问题，在多数情况下，你就会发现你能拨开迷雾，推动团队采取行动。

第二章 理性管理技能：处理问题、任务和资金

在这种情况下，我想得到什么结果？

问这个问题可以推动我们采取行动，并且让大家明确目标，这也是一种控制局势并从中获益的方法。这种方法还能摆脱对他人工作安排的依赖，避免被动或者陷入分析瘫痪。以下两个案例能证明这一点。

> **案例一**
> 一个项目出现了重大问题：进度滞后，预算不足。团队正在寻找原因，但是最后却演变成司空见惯的指责游戏："他说……她说……我说不，她说……"，事情变得棘手。随后，团队领导制止了争论并问道："好，我们的项目距离截止日期还剩两周。问题摆在这里，在接下来的两周里我们应该怎么做才能得到满意的结果？"突然之间，争论就从自我开脱的分析转变成积极的讨论，讨论的焦点是团队应该采取什么行动。领导让团队关注结果和行动，而不是问题和分析。
>
> **案例二**
> 分析师的任务完成得十分出色，她收集了成堆的数据，结果她的演示文档初稿让人难以消化。每一块数据都十分详实，都难以舍弃。于是，上司请她将焦点放在预期结果上。她所期待的结果十分简单：说服决策者批准新项目。形势变得豁然开朗，可以将焦点放在说服决策者上。讨论不再围绕"演示应该舍弃哪些内容？"而是"为了实现目标最少需要包含哪些内容？"。约有90%的陈述内容可以放到附录之中，而附录根本没有人读。
>
> 这位分析师学到了一点：当所有的内容都被说完或写完的时候，陈述和报告还不够完整；当报告和陈述不可能说得更少或者写得更少的时候，它们才算完整。做到简洁明快比长篇累牍更加困难。陈述和报告就像钻石一样，它们都需要精心切割。

在这种情况下,别人期待得到什么结果?

多数管理者都要为某种类型的客户服务,他们的客户可能是上司、同事或者外部伙伴。无论是哪一种,管理者们都是在支持其他人的计划。在任何情况下,弄清对方的需求是一种明确结果的简单方式。弄清楚这个问题之后,管理者可以:

- 简化并专注于手头的工作——不相干的工作随即消失。
- 预测和预防各种问题。
- 向对方提供满意的结果。

请回顾一下前面(上一页)的两个案例。在每个案例之中,通过明确"对方"的需求,当事人都能弄清楚他们需要做什么:

- 项目团队开始专注于客户要求的结果。
- 分析师的陈述专注于向观众提供简单的信息。

得到结果至少需要哪几个步骤?

很多人让事情变得复杂:有些人见树不见林,也有些人见枝见叶不见树。精明的人可以应对复杂的现象,高效的管理者可以化繁为简。化繁为简至关重要,但是,所有管理者都面临日益严峻的时间压力,化繁为简十分艰难。

第二章　理性管理技能：处理问题、任务和资金

"简单比复杂更难实现。"

要想弄清至少需要几个步骤，先要问几个问题：

- 预期结果是什么？
- 有没有捷径可走？能不能采购解决方案，让别人提供全部或者部分解决方案？有没有别的授权人能够缩短常规的审批渠道？
- 80/20规则在这里是否适用？能不能通过关注少数关键顾客，或者关注能决定问题的关键分析，或者处理导致问题的主要原因，只用20%的努力实现80%的结果？
- 关键依赖因素有哪些？一般来说，事物都遵循一定的逻辑顺序：销售、生产、运输、支付。有了这样一个逻辑顺序，即使最令人挠头的问题也可被分解成模块，方便管理。

采取这种行动的后果有哪些？

这个问题事关预测风险、问题、意外的后果和令人不快的问题。只要能预测问题，你就能预防问题出现。在这个阶段，管理者行动过程中会出现一定的复杂性。

从理论上讲，两点之间直线最短，但这只是欧几里得几何原理。在实践中，最短的距离并不是直线。当你逆风航行

时，两点之间的最短距离是折线；沿着直线航行，你将无法抵达目的地。大多数管理者都明白这个道理，因为他们都有过在组织中逆着政治风向前行的经历。

管理心态

1. 目标导向

关注你想要的结果，并不断保持。

2. 通过他人完成目标

不做孤胆英雄，管理的艺术在于通过管理他人实现目标。学会借助同事、上司和团队成员完成目标，与他们通力合作：影响他人，激励他人，建立信任和信誉。

3. 推动采取行动

分析问题表明你很聪明；采取行动则表明你很高效。不要寻找完美的方案，你永远也找不出完美的方案。完美的方案在现实中并不存在，寻找切实可行的方案并付诸实施。

4. 承担责任

不要责怪他人并且关注过去。要关注未来、行动和结果。对结果负责，对你的职业负责，对你的行为和你的感觉负责。充分利用这一点。

5. 有选择性地实施非理性管理

如果你接受借口，那么你就是接受失败。适当拓展你自己和你的团队。对于目标不要随便妥协，但是对工作方法可以保持灵活。

6. 做出改变

业绩的好坏不是看电子邮件和会议数量的多少，而是要用结果来评判。按照上层领导的计划行事，工作计划要具备较高的影响力。

第二章 理性管理技能：处理问题、任务和资金

续

> **7. 积极主动**
>
> 不要等着别人告诉你怎么做。如果你看到机会或者问题，要善加利用，掌握主动权。将模糊和危机视作成长、学习和改变的机遇。
>
> **8. 适应**
>
> 组织不同、层级不同，生存和成功的法则也不相同。不要沉醉在过去的成绩里，要不断学习、成长并适应新环境中的生存和成功法则。
>
> **9. 努力地工作、聪明地工作**
>
> 成功既没有捷径可走，也没有神奇的模式可循，成功的诀窍在于努力工作。但是，要聪明地工作：高效地管理时间；关注正确的任务；借助他人的力量开展工作，不要凡事亲力亲为。
>
> **10. 做好表率**
>
> 你的目标、态度和行为要成为别人的表率。以身作则、目标远大并不断提高。

在大多数行动中，要想取得工作成果，最简单的方式就是找出谁是真正的利益相关者，看他们会做出什么反应。每个利益相关者的立场都不一样，因此标准和需求也不一样。财务部门关心支付和回款能力；市场部门看重竞争力；销售部门担心价格和产品定位；人力资源部门则看重人事。一旦你明确了大家的需求，你就能全面权衡，保证每个人的需求都能得到满足。

做出成绩：业绩与观点

作为管理者，你必须做出成绩。成绩并不总是指获得利润，不是每个人都要对盈利或亏损负责。你可能负责的是项目结果、质量、成本、产品设计、研发、交付或者员工招聘和培训，你要负责的结果可能各式各样。最终，你必须做出成绩。不管怎样，很多组织没有仔细考察实现结果的过程，除非过程中存在不道德或者不合法的行为。相反，如果管理者没有做出成绩，他就注定是个失败的管理者。结果比借口更受欢迎。

一般来说，管理者可以通过五种方法取得满意的结果：

1. 努力地工作；
2. 聪明地工作；
3. 确定最低要求；
4. 玩数字游戏；
5. 管理结果。

努力地工作

在工作与生活的平衡之间，这是个令人讨厌的真相，人们通常希望减少工作时间。这是全天候经济模式的时代，我们都被贴上了各式各样的电子标签，这些标签就像镣铐一样将我们囚禁起来，让人无处可逃。然而，更加努力地工作并

第二章 理性管理技能：处理问题、任务和资金

不是解决问题的长久之计。鉴于大多数管理工作性质都很模糊，上司不清楚你在工作上到底投入了多少精力。如果你做出了成绩，上司会认为你可以做得更好。因此，努力工作的回报是得到更多的工作。只有等到你无法完成任务或者大声抱怨的时候，你的工作量才会减少。努力工作是必须的，但是仅靠努力工作还不够。

"努力工作的回报是得到更多的工作。"

聪明地工作

以结果为导向，理想的结果是我们找到更好、更快、更经济的工作方式。更好、更快、更经济是资本主义的本质，如果你能又好、又快、又经济地做出成绩，理想的结果是会获得晋升。一般来说，做出立竿见影的成绩与努力地工作结果一样：工作量增加，而不是减少。与努力工作一样，聪明地工作是必须的，但仅靠聪明地工作还不够。

确定最低要求

实现一个简单的目标比实现一个困难的目标容易得多。很多管理者意识到，为了赢得一个简单的目标而艰难地进行1个月的谈判，要比为了一个困难的目标艰难地工作11个月好得多。CEO们也会经常这样做：新上任的CEO经常会找出公司财务方面的漏洞，从而要求根据公司的目标进行销账

或者账目调整，确定最低要求即便不会促进业务的发展，但会促进个人职业生涯的发展。

玩数字游戏

大多数组织中每年都有所谓"完成年终预算"的惯例。经验丰富的管理者深谙此道，他们心知肚明，只要业绩不错，领导就可能让他们在最后两个月里提高业绩，从而弥补其他部门的短板。这便是你发挥创造力的地方。如果你的业绩不错，就要将富余的预算储备起来，以备年底不时之需；如果你的业绩滞后，就要一方面根据真实成本采取行动，另一方面将会计的障眼法和假象结合起来。这看起来有失光明磊落，却正是部分管理者生存的现实。

前四种方法都依赖于管理者自己的行为。管理者要通过管理他人实现目标。因此，管理者还要借助第五种方法：管理结果。

结果导向导致的意外后果

结果导向可能导致一些意想不到的后果。在公共部门，一味关注结果可能导致结果很尴尬，例如：

- 学校按照学生的"考试结果"进行排名，于是，为了提高通过率，学校用最简单的科目来录取学生。它们根据能力对学生进行预选，让学生的整体成绩很好看。结果成绩上去了，但是教育水平并没有提高。
- 医院接到要求，要减少手术等待时间。于是，医院采用新的方法，将病人从等待名单转移到其他名单上，要求病人不断地重新

第二章 理性管理技能：处理问题、任务和资金

登记。这样一来，如果病人没有及时重新登记，他们的名字就不会出现在等待名单上。

• 政府既要花钱，又要完成债务目标，于是政府让私营机构承担重大基础设施项目建设（包括医院、铁路等），从而将花费和借贷从记录上消除。如果私营机构采用同样的策略，管理者可能会采取行动。

对私营机构来说，结果也不能让人满意，例如：

• 在金融危机之前，本书第一版中曾提到："银行根据贷款数量来奖励贷款人员。放出贷款很容易，收回贷款却很难。等到坏账积压，贷款人员已经拿到分红，升到了领导层。"金融危机不可避免，因为这种问题没有得到改变，新的金融危机还会发生。因为承担巨大的风险，操盘手们能得到丰厚的回报。但是，如果他们失败了，遭受的损失却十分有限。

• 铁路公司和航空公司在公告中将航程所需的时间提高了（伦敦到巴黎的时间比 30 年前慢了 20 分钟），这样它们就可以保证更多的火车和航班准点到达。

• 伦敦地铁减少了环线上的服务频次，从而"提高了客户满意度"，这就意味着它能够满足服务的需要。问题是服务数量减少了，如果一个小时只开一趟火车，结果就是，在兑现服务承诺和乘客满意度方面都能达到 100%。

管理结果

管理者通过管理他人实现目标。做事（自己更加努力地工作、更加聪明地工作）和管理（让他人更加努力地工作、更加聪明地工作）之间存在巨大差别。一切都靠自己的管理

者不是真正的管理者，从长远来看，这种管理者注定要失败。管理是一种团队活动。

作为管理者，你必须跨出关键性的一步，从"怎么做"向"谁来做"转变。作为团队成员，当你得到任务时，你可能会想："这件事我该怎么做？"作为管理者，你的反应应该是："这件事应该交给谁做，或者谁能帮我做？"在回答"怎么做"这个问题时，无论你的创造力有多强，你能取得的成绩总是有限。只要你开始问"谁来做"的问题，你就不会受到个人时间、精力和视野的局限，你就开始发挥团队和同事的力量。

只有当你关注管理的本质时，你才能管理结果——通过管理他人实现目标。你需要利用合适的人，用合适的方式处理合适的问题。本书的焦点就是如何通过管理他人实现目标。

做出决策：快速形成直觉

决策原则

优秀的管理者一般都具有决策力。"决策力"与"专业""高效""领导力"等管理学术语一样，含义比较模糊，难以界定。没人能教授"决策力"，人们普遍认为决策力是天生的，有就是有，没有就是没有。但是我们发现，有决策力的管理者通常表现出四种行为特征：

1. 看重行动，而不是分析。行动能产生成果，分析却

第二章　理性管理技能：处理问题、任务和资金

办不到。分析越少，结果越好，因为这样能将讨论的焦点放在关键问题上。一般来说，细节容易干扰决策。

2. 看重实用的方案，而不是完美的方案。 接受事实——完美的方案并不存在。找到实用的解决方案，尽管从理论上讲这个方案并不完美，但是寻找完美的方案往往容易让人陷入停滞。好的方案可以付诸实施。

3. 与他人一起解决问题。利用同事们集体的知识、智慧和经验来提高洞察力，利用这一点明确和避免重大风险和隐患。但是，不要将解决问题的过程转变成政治谈判。在政治谈判中，谈判结果是为了安抚大家，这个结果是最折中的结果，但不是最有效的结果。

4. 承担责任。在责任存在分工而且分工不明的地方，如果你有勇气站出来承担责任，大多数组织都会感到如释重负。你将变成人们的榜样。在这种关键时候，能看出领导者和追随者之间的区别：多数人将乐意追随你。

上述各种行为是有决策力的管理者的典型特征，至少在处理延迟交货、人事问题和预算争议这些小问题上是这样。但是，在面临重大决策时，这些有用的直觉并不能帮助管理者。随着问题不断升级，问题涉及的人数更多，涉及的理性技能和政治技能随之增加。突然之间，管理者开始讨厌风险，他们最害怕的就是为错误决策担责。为了避免这种命运，管理者们将通过正式的流程、详尽的分析和广泛的咨询

来优化决策。更重要的是，借助这些手段可以分散责任。即使实践证明决策是错误的，但是每个人都参与了决策过程，大家很难将责任归结为一个人。理性过程（决策）变成了政治过程（避免因可能带来损害的解决方案而担责）。

决策越重大，管理者就越会规避风险。

总体来说，冒着风险做出正确决策的回报很低。你的成功可能遭到其他因素的破坏，也可能被其他人抢去，而且，成功对于增加薪酬和职务晋升的整体作用微乎其微。但是，冒着风险做出错误决策的后果却很严重：同事们必定会将责任推到你身上，你的名声将大受影响。

> **风险练习**
>
> 你得到投掷硬币赢得 10000 英镑的机会（从理论上讲，胜负的概率各半）。你想投多少钱参与这个游戏？
>
> 大多数人投的钱不会超过 5000 英镑，如果这个游戏玩了很多次，这就是该游戏的平均收益。对于失败的恐惧超过了成功的期望。当然，把游戏的金额换成 10 便士，大多数人都乐意掏 5 便士：避险心理随着潜在损失的增加而增强。

决策陷阱

重分析，轻行动

分析很安全，行动有风险。但是分析通常会带来更多的挑战和问题，从而需要更多分析。渐渐地，解决问题的练习

第二章 理性管理技能：处理问题、任务和资金

会不断进行下去。没人能看透分析带来的挑战和问题，但分析带来的瘫痪已成为令人厌恶的事实。

追求完美而非实用

对于小问题，走捷径似乎能够接受；对于较大的问题，则需要更好的解决方案；而对于重大的问题，则需要完美的解决方案。完美的解决方案一定是风险最小的方案。可惜在纷繁芜杂的管理世界里，没有完美的解决方案，任何解决方案都是两个方案之间的一种权衡。书本上不存在好的解决方案：好的解决方案只存在于现实中。

通过集体规避风险

与集体一起犯错误，好于个人犯错误，没人愿意冒着风险成为公司中的傻瓜。在某些组织中，集体犯错比个人做出正确决策好：与集体背道而驰是在破坏团队，会遭到诽谤，而不是表扬。寻求集体责任是自然而然的风险规避方法。

集体责任要求大家达成共识，共识很少代表最佳解决方案。集体认同的解决方案代表的是各个部门意见最小的解决方案——这是一个政治解决方案。让其他人参与进来的目的不是为了达成共识，而是为了获得洞见。最终，一个人需要同时得到问题和解决方案。你应该利用他人获得洞见并促成行动，而不是以集体做掩护，防止以后出现问题。

规避责任

重大问题的责任和解决方案通常由几个部门共同承担。

这就可能导致各部门之间相互推卸责任，没人愿意承担责任。对问题的分析停留在剖析哪里出了问题，而不是探讨如何解决问题。

在实践中决策

管理者决策和解决问题的工具有很多，这些工具将在后面提到。在实践中，管理者很少使用这类正式工具。相反，他们会问自己三个问题，这些问题通常会帮助管理者得出实用的方案：

1. 在这个问题上有现成的模式可循吗？
2. 这个决策对谁很重要，为什么？
3. 是否有人已经知道答案？

在这个问题上有现成的模式可循吗？

模式识别，经常被管理者视作直觉或者经验。然而，与直觉不同，模式识别可以学习。简而言之，模式识别就是观察在不同情况下什么行得通，什么行不通。只要发现了熟悉的模式，你就能够预测什么行为行得通，什么行为会失败。你看起来就像是获得了商业直觉。

> **学会识别模式**
>
> 广告是个神奇的领域，广告商的创造力必须符合市场规则的要求。好的广告能改变品牌的命运，而糟糕的广告能扼杀品牌。无论如何，广告制作和播放都需要巨额资金。对于支付广告费的客户来说，最大的挑战在于明确自己的花费能否起作用。

第二章 理性管理技能：处理问题、任务和资金

> 世界上最大的广告客户之——宝洁公司，并不依赖自己的直觉，该公司积累了丰富的经验，掌握了成功与失败的模式。年轻的品牌经理必须迅速学习这种直觉，或者说识别模式的能力。在宝洁公司的总部有一间黑屋子，专供他们学习广告直觉的秘诀。按照规定，品牌经理要做的第一件事就是进入这间屋子学习。他/她或许要观看和学习过去65年来该品牌发布的所有广告。观看65年的广告就像是阅读英国的社会史。每一条广告都有相关的核心数据反映经营情况。
>
> 观看几个小时的广告之后，即便是最没有经验的市场经理也能获得惊人的能力：他们只需观看广告30秒钟，就能预测广告将发挥什么效果。这是快速获得直觉的案例，它抛开了理论，从实践出发。

当管理者意识到他/她要负责决策时，模式识别便开始发挥作用。如果面临的是一个熟悉的模式，决策通常来说就很容易（请看上框中的典型案例）。

你可以从日常情形中观察和学习，积累知识，弄清在你的组织中什么行得通，什么行不通。你可能没有精力回顾过去65年来人们管理冲突、谈判、影响他人或解决问题的经验，但是仔细观察可以帮助你获得这种技能，帮助你识别模式，让你看起来就像具备了卓越的商业意识和直觉。

模式识别可以在一系列决策环境中学习：

- **竞争反应**。长期的竞争对手清楚对方会做何反应，而无须串通，这将违反反垄断法。很多市场上存在价

格领导者，所有的竞争者都根据这个价格领导者的行为做出反应。如果他提高价格，其他人都会跟风；如果只是临时的减价促销策略，竞争者们则不会在意；如果是长期的降价行为，竞争者们也会跟着降价。这样一来，公司之间定价决策变得很容易：跟着"价格领导者"。

- **购买决策**。顶级服装买家看到货架上的衣服时，能准确地说出每件衣服的价格，房产代理人也具备这种能力。他们在你所在的地区看过成百上千甚至成千上万处房产，因此能够迅速而准确地说出你的房产价值几何。在著名的苏富比（Sotheby）和佳士得（Christie）等主要拍卖行的艺术品专家也有这种本领。直觉来自经验。

管理员工，包括管理上司，总体上就是模式识别的过程。你必须尽快了解大家的工作风格、风险偏好、以人为中心还是以结果为中心等。没有哪一种模式是正确的模式，从管理者的角度讲，关键在于了解不同人的模式。

如果决策符合常见的模式，那么大多数管理者都有信心做出决策。宝洁公司的品牌经理会根据判断批准开发新的营销行动，而不必开展费钱耗时的市场调研。你可以通过识别模式来做决策。

第二章 理性管理技能：处理问题、任务和资金

这个决策对谁很重要，为什么？

决策不仅是理性过程，而且是政治过程。你需要拿出解决方案并付诸实施，因为方案再完美，不付诸实施也毫无作用。只有得到大家支持的决策才能付诸行动。这就意味着你除了问自己"做什么决策"之外，还必须要问自己"这个决策对谁很重要"。

"决策不仅是理性过程，而且是政治过程。"

一般来说，这里有四种可能情况，每种情况下的决策都可能产生不同的结果：

1. 决策对一个团队成员最重要。如果可能的话，支持你的团队成员，指导并鼓励他们做出决策。不要让他们无论做什么决策都依赖你，这样他们的专业能力无法提高，而且你也会累死。

2. 决策对一位上司很重要。只要了解他/她的工作计划，你就会知道他/她偏好什么样的决策。将问题和解决方案设计好，推荐给你的上司。如果选择不明确，你可以和上司一起讨论。

3. 决策对另外一位同事很重要。长远来看，管理者在组织中需要协助者和支持者，因此，要与同事交谈，找到双方共赢的解决方案。在帮助他们的同时，你也赢得了一个朋友。

4. 决策对你和你的工作计划都很重要。 如果选择很明确，只需做出决定；如果选择不明确，可以寻求帮助（请参考下面的内容）。

这种决策不涉及任何解决问题的技能，关键是了解上司、同事和团队的工作计划，根据这些工作计划做出决策。正因为如此，随着时间的推移，很多决策水到渠成，逐渐达成一致意见。采取小规模行动，逐步做出选择，渐渐地，行动方案就会浮出水面。这对很多工作安排杂乱无章的管理者来说十分奏效：日常工作中许多细小的互动能帮助他们了解彼此的工作计划，便于收集信息并逐步完成一系列决策。

是否有人已经知道答案？

管理是团队活动，管理者不可能知道所有问题的答案，但是必须找到所有问题的答案。这就意味着管理者必须与同事合作寻找答案。

对于更加复杂的决策，你可能不知道答案，但是财务、市场、运营、IT、销售和人力资源等部门的不同个体可能知道问题的部分答案。每个人都持有拼图的一部分，你的任务就是将这些拼图组合起来。这既是一个智力过程（发现最好的方案），又是一个政治过程（建立起支持方案的联盟）。这可能要花费时间，可能在达成共识之前需要多次尝试，需要在不同的工作安排之间做出协调。

第二章 理性管理技能：处理问题、任务和资金

在日本，这种基于共识的决策行为被称作"自上而下的决策"，其根本宗旨是在召开决策会议之前达成共识。私下进行初步沟通，这一点至关重要。任何人一旦公开发表立场，就会不惜一切代价去捍卫这种立场，而不会不顾颜面去改变立场。在私下里，你可以进行更坦诚、更灵活的谈话：可以讨论实际问题，可以协调工作安排，可以建立相互信任。听得越多，你了解的关于决策的政治因素就越多，得到的与利益相关的观点就越多，你对决策的本质理解就越透彻：你能更好地理解真正的挑战是什么，有哪些选择，各种选择会造成什么结果。你听得越多，就越有可能就一个大家偏好的方案达成共识。

如何影响决策

1. 让决策为你服务

尽早出手，围绕你的工作计划展开决策。

2. 建立联盟

将分歧放在私下处理；让人们在不损失颜面的情况下改变观点；将取得的共识公开，从而建立支持团队；寻找有影响力的赞助者来支持你的立场。

3. 逐步达成共识

不要一次性让别人同意你的全部观点，这样会吓到别人。让相关部门（包括财务、医疗和安全部门等）的个人分别支持你的部分观点。

4. 估计回报

清楚、有序地展示你倡导的行动方案将带来的效益；对相关效

续

益进行量化,并寻求适当的支持。

5. 制定有利决策

将你的工作计划与企业计划融合起来;根据不同的对象,用适当的语言和风格表述你的观点;保持乐观。

6. 控制可选方案数量

不要提供太多选择,太多的选择会让人迷惑。最多提供两到三个选择。

7. 规避风险和损失

让大家看到,如果不按照你的思路,风险更大。

8. 清除决策障碍

要让大家很容易认同你的观点;为大家扫除后勤或者管理上的障碍。

9. 持之以恒

什么策略最有效?重复。重复是最有效的策略。练习得越多,你就越幸运。永不言弃。

10. 适应个体需求

站在别人的角度看待问题;尊重别人在内容、风格和形式上的需要;寻求共同利益;协调工作计划。

最终的决策会议很关键,但这个过程并不是为了做出决策,而是公开确认所有利益相关方之间的确达成了一致意见。这个会议是为了建立信心,并将私下已经达成一致的意见合法化。

第二章　理性管理技能：处理问题、任务和资金

解决问题：枷锁、框架与工具

解决问题有时候被视作高智商者的专利。在现实中，高智商的人恰恰不是解决大多数管理问题的合适人选：聪明人会寻找完美的解决方案，但是这种方案并不存在，因此他们总是无功而返。可以付诸实施的方案比完美的方案更受欢迎，因为它能够促成行动。完美的解决方案在实践中并不存在。

有效解决问题背后的原则如下：

1. 明确问题。
2. 聚焦原因，而非表象。
3. 分清问题的轻重缓急。
4. 少用决策工具，但是用就要用好。

"聪明的管理者认为他们知道所有问题的答案，真正聪明的管理者知道真正的问题在哪里。"

问题找错了，答案再好也毫无用处。本节的目的是帮助你认清问题，提出正确的问题并找到实用的解决方案。

明确问题

所有的学生在参加任何考试之前，都会得到严格的提示："一定要回答问题。"这个提示十分明白，但是经常被学生忽略——结果自然是灾难性的。所有的管理者也应该收到

同样的建议："一定要回答这个问题。"学校考试的问题很清晰，但是在商业领域，没有人会分发试卷，也没有人会告诉你，但是你必须知道问题是什么。

在初级管理阶段，考试问题通常十分清楚。考试题目通常以简单的业绩目标的形式出现：销售更多产品，获得更多利润，在有限的时间里做更多的订单。随着管理者职业的发展，清晰度降低，模糊性增加。目标可能很明确（实现利润目标），但是方法并不明确。只有用正确的方法解决正确的问题才能实现整体目标。你必须知道问题在哪里。

> **找准你的问题**
>
> 这是我取得突破的时刻。我得向 CEO 展示自己。我觉得我的陈述很出色。陈述完毕之后，CEO 轻轻地咳嗽了几声，让我更加坚定了自己的信心。
>
> "陈述做得很好，"他说，"我只有一个问题……"
>
> 任何问题对我来说都不值一提，我有 200 页的详细分析做后盾。这是我展示自己的时刻。
>
> "你想解决的问题究竟是什么？"他问我。
>
> 这个问题让我始料未及。我为自己的虚荣和疑惑感到无地自容。

聚焦原因，而非表象

没有人会利用除斑剂来祛除水痘。但是在商业领域，将表象和原因混为一谈的情况经常发生。很多削减成本的项目都落入这样的陷阱。CEO 强势高效地宣布裁员并削减

第二章 理性管理技能：处理问题、任务和资金

成本这一目标，其管理团队得到的消息是："在12个月之内将成本削减20%，人员也削减20%，否则你就将成为这20%中的一员。不要找借口。"超过15%的成本被削减，一些高层管理人员被解雇。这种不着边际的市场成本削减（导致市场地位和销售额受损）、研发成本削减（导致新产品受损）和人才成本削减（导致士气受损），需要很长时间才能恢复。

成本问题只是别的问题的表象，真正的问题包括：

- 收益不足，而收益不足又可能是由产品问题、市场和销售问题或者分销问题导致。
- 产品和顾客组合错误，导致服务成本较高，从而无法收回成本。
- 无效流程和低效工作。

如果你将焦点放在增加收益、改变产品和顾客组合、改进流程和工作效率上面，那么公司业务会朝着截然不同的方向发展。简单地裁员并不会带来以上这些积极的结果。

具体来看，人力资源方面的很多举措都只针对表面现象，而非问题根源。基于绩效的评价和晋升体系听起来充满活力，但这种体系只关注表象（员工表现怎么样）而没有关注背后的原因。了解业绩好或不好背后的原因至少与评估结果同样重要：

- 员工的业绩为什么好，为什么不好？

- 为了提高业绩，员工需要提升哪些技能？
- 该员工未来适合承担什么任务？
- 员工是否具备职业发展和职务晋升所需的技能和经验？
- 如何提高业绩？

"了解业绩好或不好背后的原因，至少与评估结果同样重要。"

基于技能的评估会带来更有价值的评估讨论；基于业绩好坏的评估则可能遭受抵抗，并不利于行动。很多管理者回避坏消息，这样的做法对大家都没有帮助。

任何人都可以看出问题的表象，一般人也能看出利润不高，而优秀管理者的标志就在于他能透过表象抓住问题的实质。这方面没有捷径可走，但是有一个简单的原则——不断地问一个问题："为什么？"。

分清问题的轻重缓急

管理过程总是充满问题和挑战。你没有足够的时间应对所有问题，因此你必须有所取舍。三个简单的问题可以帮助管理者明确哪些问题值得解决：

1. **这个问题是否重要？是否影响你实现总体目标？**换句话说，如果不解决这个问题，会不会带来严重的负面影响？是否存在临时方案，阻止问题进一步恶化，从而让你腾出精力解决其他问题？

2. **问题是否紧迫**？今日事今日毕，这个问题留到明天是否会恶化，有没有关系？如果有关系，立即采取行动。能不能拖延一下？问题并不总是变得更糟，随着时间的推移，可以获取更多信息、得到更多机遇、寻求更多潜在的解决办法，还可以缓解情绪上的焦虑。

3. **能否付诸实施**？管理过程中有一种很有意思的现象，即对于有些问题，你只能任其发展。面临战略挑战与决策、IT项目出错或竞争压力迫使你面对突如其来的需求，你可能束手无策。在这种情况下，最好的办法是按兵不动，关注可控的问题，搁置不可控的问题。

少用决策工具，但是用就要用好

多数管理者凭直觉解决问题，很少会坐下来进行正式的问题分析，但是有些工具和技巧颇有裨益。善加利用的话，正式的决策工具可以作为框架，帮助你与同事一起讨论和思考问题。但如果使用不当，这些工具也会成为一重枷锁，将你带入理论的陷阱。

决策工具可以帮助思考，但是不能代替思考。最常见的工具包括：

- 成本效益分析法。
- SWOT分析法。

- 场力分析法。
- 多因素/权衡/网格分析法。
- 鱼骨图/思维图分析法。
- 创造性解决问题方法。

没有哪一种方法是最佳方法。以上方法都有其适用范围,关键是在不同的情况下选取正确的方法。

各种方法的基本假设是:

- **成本效益分析法**。假设已有明确的问题和解决方案,需要从财务角度对方案进行评估,让方案得到正式批准。
- **SWOT 分析法**。假设面临十分模糊和战略性的挑战,需要进一步明确结构。
- **场力分析法**。假设需要在非财务与定性标准的两个行动方案中做出选择。
- **多因素/权衡/网格分析法**。假设需要在多重标准、具有不同重要性的多个竞争性的方案中做出选择。
- **鱼骨图/思维图分析法**。假设需要确定问题的根源,并且对问题进行分解。
- **创造性解决问题方法**。假设问题高度复杂,没有已知方案,需要从创新途径解决问题。

对锤子来讲,任何东西都可能成为钉子,所以不要想着解决所有问题，你的任务是为正确的问题选择正确的工具。你不必成为使用每一种工具的专家，但要确保你选对了所需的工具，之后要么找人帮忙实施，要么在网上搜索细节。

> **管理者解决问题**
>
> **1. 找到正确的问题**
>
> 问题不对，答案再好也无济于事。关注原因，而非表象。了解问题产生的原因。
>
> **2. 找到问题出在谁身上**
>
> 找到问题出在谁身上，然后想办法解决问题。他们可能已经知道问题的答案，可以向他们咨询。明确问题的重要性和紧迫性，然后采取相应的对策。
>
> **3. 利用经验**
>
> 充分利用你在自己的领域所拥有的专长和经验。如果之前见过此类问题，你应该知道如何解决，就按照这种方法采取行动。
>
> **4. 问**
>
> 如果你不知道最佳解决方案，可以向人咨询。你的同事可能知道，但是他们给出的答案可能并不一致。
>
> **5. 避免完美方案**
>
> 完美的方案并不存在，你永远也找不到它。寻找实用的方案，然后付诸实施。
>
> **6. 关注未来**
>
> 不要纠结过去，也不要执着于追究责任。面向未来，面向行动。
>
> **7. 关注效益而非问题**
>
> 与机遇相比，人们更容易看到风险。但是，如果你只关注各种

续

> 解决方案的风险,就会陷入恐惧的泥沼无法动弹。先关注效益——如果效益足够大,就值得你冒险。
>
> **8. 建立支持你的同盟**
>
> 寻求建议可以帮助你达成共识,并为实施你的解决方案铺平道路。
>
> **9. 尽量简单**
>
> 不要陷入事实和分析的汪洋。少用正式的问题分析工具,它们可以帮助思考,但不能代替思考。最佳的方案是通过行动发现的,而不是通过分析设计的。
>
> **10. 促成行动**
>
> 点子再好,不付诸实施也毫无用处,只有付诸实施,才算是好的解决方案。一般来说,能基本解决问题的方案就是好方案,你还可以在此基础上不断完善。

战略思维:现实、浪漫与经典

在商学教授们的眼里,战略很复杂,只有他们才能掌握。为了证明这一点,他们提出各种聪明的概念,例如价值创新、战略意图、核心竞争力和共同创造。除了这些概念之外,他们还借助各种矩阵、网格和图表显示其分析的复杂。

不要被蒙骗。大多数战略概念是:

- 对历史上一些取得成功的企业做历史的重述;
- 善于描述过去但不善于预测未来;

第二章 理性管理技能：处理问题、任务和资金

- 基于有限的简单事实。

大多数的企业战略与企业预算的形成机制一样：上年的预算和战略是下年预算和战略的最好参照。两者都会不断变化。很少有公司会对战略做出重大改变，尽管不乏一些著名的案例，但是毕竟是少数。例如，世界上最大的广告企业WPP就脱胎于一家生产购物车的公司；曾经世界上最大的移动电话制造商诺基亚，最初生产的是橡胶（欧洲最大的鞋厂）、塑料（地板）和林业产品。

"上年的预算和战略是下年预算和战略的最好参照。"

由于多数企业并不会从根本上改变战略，管理者并不需要深入的战略思维。尽管如此，了解战略思维仍然有用，因此管理者需要：

- 了解你的业务与战略的相关性。
- 懂得战略思维的方法。
- 能玩战略游戏。
- 理解战略的本质。

如果你能做到这四点，你就为担任高级行政职位做好了准备。

了解你的业务与战略的相关性

当办公室经理开始谈论办公空间的战略布置时，我对这

个词的用法产生了怀疑。我走进食堂餐厅，思考如何"战略性地"用好手中的资源。与以往一样，办公室经理是对的，我没有领悟到"战略"的意义。

办公室经理在回答所有管理者都必须回答的一个战略问题——"行动和决策如何支持组织的目标？"，这似乎是显而易见的事实。但你不仅要明确自己的年度目标，还要明确高级管理团队的目标。很多管理者未能通过这项浅显的测试，他们过于专注自己的目标，以至于忽略了自己所处的大环境。

办公室经理有自己的战略挑战。当巡视办公室的时候，他发现很多咨询人员在独立的"玻璃鱼缸"里工作。这些"玻璃鱼缸"的目的是，既方便交流又保护隐私。但实际情况是，隔墙阻碍了交流，玻璃又妨碍了隐私。经理曾听CEO说有必要加强团队合作、工作透明度并关注客户，这就意味着要到顾客身边去工作，而不是在舒适的办公室里工作。经理明白了这一点，于是采取了一种大胆的新设计。

所有的"小型宫殿"，也就是众所周知的合伙人办公室都被移除。合伙人只得分享一个公共的合伙人办公室，他们不得不亲自践行团队合作。不少合伙人感到怒不可遏，因为如果他们在公共办公区无所事事的话，大家都会看在眼里。接下来是咨询人员，他们的"玻璃鱼缸"和办公桌也被清理，取而代之的是成排的公共办公桌。由于没有足够的位置，咨询人员突然发现他们要到顾客的地方去工作。办公区

第二章 理性管理技能：处理问题、任务和资金

里随即出现许多小型会议场所，团队可以在这里开会并一同工作。

这位办公室经理抓住了公司战略的本质，他理解公司的需求，并采取行动提供支持。他不需要了解宏大的企业战略，或者玩弄所谓的核心竞争力这些词眼，这些与他毫无关系。管理者不需要成为伟大的战略家，不需要开展战略性思考和行动，他们只需要理解组织的真正需求，并在各自领域为这种需求提供支持。

可以简单地测试一下有关行动是否具有战略性——这些行动是否会得到管理层的注意？如果是的话，你很可能在从事具有战略性的活动；如果不是，你可能仍然在做贡献，但不那么容易受到关注。

懂得战略思维的方法

优秀的战略思维往往很简单：聪明人会化简为繁；真正聪明的人会化繁为简。

很多成功的企业战略其实很简单：

- 易捷航空和西南航空：低成本航空公司。
- 戴尔：直销和订单生产。
- 联邦国际快递：保证隔日抵达。
- 谷歌：付费搜索。

这些战略都很简单，却具有强大的竞争力。让我们逐个

仔细查看个中缘由：

- **易捷航空和西南航空**：低成本航空公司。两家公司都从零成本开始，避免所有全方位服务航空公司的精细性和复杂性，每千米的成本和费用低到了全方位服务航空公司无法企及的水平，因为后者的遗留成本和基础设施费用十分昂贵。这两家公司在现有航空公司的基础上创造了明显的竞争优势。
- **戴尔**：直销和订单生产。这种模式避免了销售预测、存货积压、现金流危机和降价清仓等问题，而通过分销商销售的传统模式一直被这些问题困扰着。现有的企业无法摆脱忠诚的分销商，因此止步不前。
- **联邦国际快递**：保证隔日抵达，当时还没有快递企业做到这一点。该公司在全国范围内布局基础设施，并迅速提升业务量和规模，使得其他企业很难追赶。
- **谷歌**：起步很晚，有很多搜索引擎试图将不断增长的客户基础货币化，谷歌第一个聚焦付费搜索业务。回头来看，与所有伟大的思想一样，这个思想非常明确。公司取得的成就，众所周知。

现在，考虑一下，在过去 20 年里，这些战略发生了多大的改变？实际上，这些公司的战略与 20 年前相比基本没变。伟大的战略很少做出改变。

第二章 理性管理技能：处理问题、任务和资金

能玩战略游戏

如果你申请加入战略咨询公司，就有机会玩战略游戏，也叫案例分析面试。这个游戏值得一玩：它能让你深入了解雇主的愿景，让你在与高级管理人员对话的过程中坚持自己的观点。

"要取得成功，你不需要知道正确的答案。你需要知道正确的问题。"

这个游戏的目的似乎是寻找一些无法估量的商业问题的答案，例如："Megabucks 公司是否应该将产品范围从摄影器材扩展到其他成像产品，例如复印机？"。而游戏的真正目的是为了考察你进行结构性思考和战略性思考的能力，实际答案并不重要。怀疑者可能会说，这就是战略咨询的本质——只要证明你很聪明，不要太担心答案。

要取得成功，你不需要知道正确的答案，你只需要知道正确的问题。有效的战略讨论会从一系列不同的角度考察问题：

- 我们具备什么能力？这涉及加里·哈默（Gary Hamel）和普拉哈拉德（Prahalad）（管理思想家和学者）有关核心竞争力的论述。成像技术和摄影技术十分相似，佳能将这两个市场连接了起来。
- 市场前景如何？市场是否在增长？是否有利可图？

价格走势如何？关键在于，你需要观察每个细分市场，哪些地方市场供应不足？哪些地方需求没有得到满足？佳能公司发现，旧的核心复印功能关注的主要是大量复印，不能满足秘书们随时随地快速复印一两页纸的需要。因此，对于廉价和普通质量复印机的需求还有市场，复印速度并不是最重要的。

- 竞争怎么样？这里又需要观察供应不足的市场。施乐公司（Xerox）规模庞大，看起来地位无法撼动，但是该公司在办公场所没有分布式/本地复印机。
- 用户角度的市场经济学是什么？秘书们不愿长期被那些大型复印机所束缚，而是更愿意购买本地产的廉价复印机。
- 生产商角度的经济学怎么样？备用硒鼓市场前景广阔，这就意味着关键在于将复印机送到秘书桌上。如果有必要的话可以亏本出售，然后依靠配件挣钱，这也意味着产品保养和更换部件必须操作简单，不需要专业人员的帮助。这带来了一种规模更大的流通模式，通过分销商销售，而不是通过传统的雇用推销员销售的B2B模式。

玩这个游戏的时候，你心里应该明确你需要问哪些问题，以及对这些问题抱什么观点：

- 公司和竞争对手的能力。

第二章　理性管理技能：处理问题、任务和资金

- 市场前景，包含细分市场——规模、增长率、利润率和周期性。
- 客户需求，包含细分市场——产品、价格、定位问题。
- 竞争地位，包含细分市场。我们的价值主张是什么？有没有可持续的优势？进入市场有没有障碍？
- 与竞争、客户和我们自己有关的经济学。价值链是什么？在价值链上的规模效应如何？

要不断思考这些问题，直到得出满意的答案。通常，你会发现所有这些问题的背后都有一个关键原因在起作用。在湿水泥供应这个特殊领域，流通经济学原理倾向于建立地方垄断企业。要想得出这个简单的答案，需要做一些思考。思考问题能帮助你迅速明确为何微软公司利润丰厚，而航空公司即使形势很好，利润也只是周期性的。

理解战略的本质

了解战略知识很有用处。战略分为两种不同的类型：经典战略和后现代战略。

经典战略

经典战略主要关注因果关系。它探索的是商业领域的牛顿定律——"如果 X 发生了，则结果是 Y"。这种战略源自于启蒙思想：寻找适用于一切情形的普遍规律。经典战略的

权威包括迈克尔·波特（五力分析模型）和波士顿咨询公司（矩阵分析模型）。好消息是，这些公式能给我们带来一些启示，帮助我们认识复杂的情况。坏消息是，程式化的战略具有较高的危险性。如果每个人都使用同样的工具进行同样的分析，他们将会得到同样的答案，这会导致出现盲目行动，"既然大家都这样做，我也这样做"。网站的爆炸式增长便是典型的盲从现象。

如果英国的电信公司都采用同样的分析方法，并出资224亿英镑获取3G牌照，那么他们不可能收回投资。如果世界上很多家银行为了追求利润向次级用户贷款，制造复杂的金融产品并增加资本杠杆，从个体上讲，他们的决策可能很聪明，但是整体来看，他们搭建了一栋纸牌屋，一旦倒塌，全球经济将陷入衰退。盲从可能导致危险的后果。

后现代战略

这种战略是一群教授在 C. K. 普拉哈拉德（核心竞争力、战略意图的倡导者）的基础上建立的。普拉哈拉德的追随者包括加里·哈默、钱·金（Chan Kim，价值创新）和文卡特·拉马斯瓦米（Venkat Ramaswamy，共创价值）。他们反对正统的经典理论，认为战略是发现的过程。在这个过程中，你在创造未来，而不是通过分析过去对现在做出反应。这是一种过程驱动的战略观，而非分析性的战略观。这种战略观并不假装知晓所有答案，它要求组织自己发现并创造

第二章 理性管理技能：处理问题、任务和资金

答案。

这种方法的优点是能带来更加富有创造力的成果，鼓励组织深度参与。坏消息是，这种方法通常并不实用。它寻求大胆的战略变革，但是大多数大型组织要么不需要对战略进行重新定位，或者无法实现对战略重新定位。

总体来看，经典战略最适合老牌企业。而新成立的公司则适合后现代战略，但是这些公司规模较小，并不一定会意识到它们在使用这种战略。

财务技能

财务计算能力是所有管理者的一项核心技能。不幸的是，财务技能被蒙上了一层不必要的面纱。会计和财务方面的专业人士给这种技能创造了大量的术语和技巧，令大多数管理者望而生畏。他们仿佛中世纪的手工业行会，竭力保护自己的行业免遭外界的侵害。财务和会计的某些领域的确十分复杂，但是国际上对银行的监管资本要求并不是普通管理者需要或者想要了解的内容。很明显，连银行家和银行监管人员也不具备这种能力，但是所有的管理者都应具备核心的财务和会计技能。

这些技能并不全是智力技能。大多数财务管理技能从根本上说都是政治技能，因为它们涉及资源分配以及制定目标、期望和优先顺序。这自然就涉及竞争战略的核心：你如何与其他部门和管理者进行竞争，保证获取正确的资

源、期望和目标。正式的财务工具只是我们在这种政治和竞争战斗中选择的武器；只有天真的管理者才会相信财务管理是客观、逻辑和理性的过程，可以从理性上分清是非对错。正确的财务方案能最大限度地帮助你实现优化的目标。

接下来的几节将探讨管理者需要具备的核心财务技能：

- 制定预算。
- 管理预算。
- 管理成本。
- 应对表格。
- 了解数字。

"应该像律师使用事实一样使用数字：有选择性地运用事实支持案例，而不是阐明事实。"

这些方面的技能主要属于财务和政治的战场。各个战场中都有武器装备，或者说分析工具，你可以使用这些工具实现目标。这些武器的性质因组织的差异而存在细微差异，无论你做什么，都有必要学习使用这些武器来获取优势。大多数传统财务教科书都着眼于寻找正确的答案和正确的数字。不要从智力方面运用数字寻找理想的答案，应该像律师使用事实一样使用数字：有选择性地运用事实支持案例，而不是阐明事实。

第二章 理性管理技能：处理问题、任务和资金

制定预算：业绩中的政治

预算是两个管理层之间的协议——"我们同意以一定数量的资金实现一定程度的回报"。与所有的协议一样，这不是理性和客观的行为，而是服务卖方（低层管理者）和买方（高层管理者）之间的协商。与大多数协商不一样，买方和卖方在协商预算过程中的信息层级基本相似，双方对于彼此的策略和风格了如指掌。因此，协商过程可能非常激烈。

大多数预算协商包括两个重要因素：预算定位和预算调整。

预算定位

本年度的预算是下一年度预算的最好参照，本年度的预算将为下一年度预算的协商提供定位，这在很多组织中已经成为惯例。因此管理者会尽可能充分利用本年度的预算，而不会在本年度预算内超额完成目标，因为预算执行不到位或者超额完成目标会造成预算标准被重新设定。如果本年度表现太好（请参考下文案例），下一年度的预算将更难完成。这种预算设置明显制约了功能的发挥——它会阻碍业绩的提升。

为了实施真正的改变，应该按照不同的方法重新设定预

算标准。锚定预算应该尽早完成，以便讨论可以按照正确的框架进行。如果讨论围绕的问题是"我们应该对上一年度的预算增加或减少多少？"，那只能带来细小的改变；如果讨论围绕的问题是"我们能否提高70%的预算从而实现销售额翻番？"，那么你就展开了迥然不同的讨论。锚定预算讨论决定了组织的目标高低。

锚定预算要作为战略计划流程的一部分。在大型组织中，锚定预算比年度预算周期更加重要。

对预算讨论进行定位的最佳方法不是提交详细的战略分析，说明为什么要让销售额翻番；而是在战略计划流程开始之前，与高级管理者进行非正式交谈，越早越好。

利用休息时间讨论预算

集团CEO："今年形势不错……"

业务部门负责人："明年会更好。按照现在的趋势，再增长35%问题不大，前提是我们在资源方面得到支持。"

集团CFO："35%？我以为我们会增长近10%？"

业务部门负责人："35%的增长需要我们投资即将上线的新产品……"

集团CEO："听起来不错，但是现金流会面临挑战……"

业务部门负责人："我们会具体研究……"

无形之间，下一年度的预算讨论标准已经设定在35%的增长，当然还需要观察现金流，双方都还没有做出承诺。如果上述交谈没有发生，CEO听到的是非常谨慎的CFO的意见，那么预算讨论的标准可能会被设定在10%的销售增长，因而预算也会比较固定。

第二章 理性管理技能：处理问题、任务和资金

预算调整

预算调整以问题的形式进行——"下一年度与今年有何不同？"，这是围绕细节进行激烈讨论的地方。调整看的是与今年相比的渐进变化，预算定位看的是与今年相比发生的阶跃变化。典型的渐进变化包括：

- 生产力提高。
- 通货膨胀、工资等。
- 新的措施和项目。
- 市场和竞争趋势。
- 定价机遇和压力。

这些讨论就像堑壕战一样。职能部门之所以占据优势，是因为他们代表高级管理层，拥有高层的支持和权力。他们将100%的精力都放在商讨预算上，而你还要管理业务。

结果，很多管理者轻易放弃，这是个错误。

"为了赢得一个简单的目标而艰难地进行一个月的谈判，要比为了一个困难的目标艰难地工作一年好得多。"

但是高管的观点正好相反。他们知道在商讨预算的时候各方都会参与进来，并且都已经做好充分准备，目的是证明前景黯淡，几乎不可能盈利。对此，高级管理人员有两种应对策略：

- **人事策略**：利用策划和财务部门的员工来运作整个

程序，对事实进行检查并质问，在讨论中摆出诚实的姿态。

- **不失时机地表现出情绪化的一面**：优秀的管理者会不失时机地表现出情绪化的一面；面对不可能完成目标的局面，理性的管理者会倾听各种借口。任何一个理性的管理者可能都会告诉肯尼迪，在10年之内将人类送上月球是不可能的，技术、技能、组织和资金都无法保障。理性的管理者可能会做出正确的判断，这就是他们被人遗忘的原因。非理性的管理者要求员工做出卓越的贡献并提供支持，帮助他们实现目标。对借口充耳不闻是一项有用的技能，尽管这样会惹怒那些不断辩解的管理者。

管理预算

1. 讨论预算

不要等着别人送来预算，要尽早推动预算，努力争取你能够完成的预算。宁愿圆满完成简单的预算，也不要为了挑战性太强的预算挣扎。

2. 完成预算

一旦接受了预算，就要全心投入。要完成预算。

3. 前期业绩

工作中经常会出现意想不到的情况，尤其是负面情况，要在第一季度或者上半年节约开支并提高收益。

续

4. 尽早执行弹性预算

等到年底资金紧张的时候,弹性预算(包括会议、调查和市场测试等预算)往往会被收回。如果你已经执行了这部分预算,就不可能被收回。

5. 注意预提费用

要一直向前看,记住你的承诺。要有明确的年度规划,以便在必要的情况下能够及早调整。

6. 堆沙袋

要为年底预留资金。新员工招聘可以推迟几个月进行,将工资节省下来。

7. 紧缩

要聪明地支出。全面着手:能挤就挤(例如,向供应商砍价),能砍就砍。

8. 保护预算

警惕预算陷阱:例如其他部门将成本转嫁给你,提高转让价格,总部将服务强加给你并收取费用。要像对待外部供应商一样对待这些内部斗争,尽力谈判。

9. 尽早行动

如果你需要改变流程,那么要赶在预算之前尽早行动。如果时间来不及,那就要找好理由,说明你要如何弥补差距。要及时掌握预算信息和规划。

10. 超额完成预算(但不要过度)

如果年景比较好,那就在最后一个季度预留资金:要推进预算,避免预算执行太慢;推迟收益,以免超额完成太多。这样一来,下一年的预算就会保持较低的水平,让你能够尽快打开局面。

管理预算：年度例行事项

每年的预算都遵循固定的预算周期：新年伊始的时候充满希望，之后，预算逐渐紧缩。业绩突出的部门会突然提高目标，以弥补其他部门的不足；业绩较低的部门得到过多的帮助，但是落实预算滞后的感觉并不好受。这种周期决定了管理者管理预算的方式。

要在官方数据出来之前拿到你的数据，目的在于表明运营在你的掌控之中，一旦偏离正常轨道你可以及早采取纠正措施。等收到报告说你的预算崩溃，已经为时已晚。会计数据反映的是以前的情况，但是回头看不能帮助我们推动业务。大多数部门都应该能够在3个月前预测结果：销售部门有销售管线，人力资源部门有招聘管线。由竞争对手的活动造成的重大挑战，如顾客遇到支付问题或者主要项目费用超额的情况，掌控全局的管理者应该能够看到。利用这类信息建立你自己的早期预警雷达系统。

未雨绸缪。这里有两个简单的原则：

- **48/52 原则**。这个原则很简单，即在一个财政年度的前6个月里花48%的预算，完成52%的目标。这样可以预留一部分资金，应对下半年可能出现的意外情况。即使上半年出现意外情况，48/52原则仍然能保证你上半年的成果接近 50/50。

- **堆沙袋**。你应该建立自己的原始预算,以便知道哪里可以进行削减。或许你还可以进一步挤压供应商,或者项目成本估计过高,或者市场销售活动预算太多。最简单的堆沙袋方法是将新员工招聘推迟二三个月,你可以将相应的工资预算存起来作为预留资金,帮你应对不时之需。

做好沟通。遵循三个原则:

- **避免意外**。如果预算存在问题,要尽早准备,让高层提前知道有关挑战、原因和你建议的解决方案;保持管控。如果高层要你解释负面影响,你的问题就来了。你看起来没有掌控形势,你处于一种防卫姿态,需要同事和高层管理人员的帮助,管理人员并不希望如此。
- **避免吹嘘**。形势大好的时候,人们总是喜欢吹嘘。如果高层管理者看到形势很好,他们势必会修正预算。如果形势很好,要把期待降低,让管理层看到下半年比上半年的挑战更大。维持原来的预算承诺,时间越长越好。
- **不要抱怨,学会协商**。如果你的预算修正得到了通过,就要根据新预算同高层进行新的谈判。预算提高,待遇不能不变。

确定开支的优先顺序，逐步执行开支。这里有一个微妙的平衡：储备原则要求我们延迟开支，但是我们知道随着时间的推移，预算会越来越紧张，因此需要提前开支。提前开支需要考虑两个因素：

- 后期可能会被削减的重要投资——提高生产力的投资要想获得回报需要时间，因此在年末可能受到挤压。
- 自由裁量的开支在年末肯定会被削减，但是你需要建立团队、提高团队成员的技能。会议、培训和更换笔记本电脑等项目很容易被削减，无论如何，如果你觉得这些项目很重要，就要在预算被收回之前开支。

"如果管理层不信任你的数据，他们就无法信任你。"

上述原则的前提是你拥有准确的财务数据。实际上，如果提供的数据不可靠，最容易丧失管理团队的信任。如果管理层不信任你的数据，他们就无法信任你，你的团队要有可靠的会计提供你需要的信息。

预算功利主义与徒劳无功

我18岁时，曾在英国税务局（现在的英国税务及海关总署）工作过10个星期。我和老板是完美搭档：难得的老板和难得的员工。

工作本身徒劳无功。我要手工改动10000名纳税人的税号，将3个数字加起来得到第4个数字。这份工作的效率低得令人难以置信：

第二章 理性管理技能：处理问题、任务和资金

- 10 周的工作最多只需 5 周就能完成。
- 这项工作用电脑只需几秒钟就能完成。
- 这项工作根本没有意义，因为今年的工作完成之后，政府将会更改税号，同样的工作又得重来。

到了第 8 周，老板慌作一团。他想让我忙碌起来，不论做什么，一定要看起来很忙。稽查员就要来了，如果她看到我已经完成了 10 周的工作，她就会觉得 10 周的时间太长。因此，老板下年的预算会被削减。于是，我装作很忙，老板保住了预算，而我在下班后得到了一品脱啤酒。除了焦急的纳税人之外，大家都很高兴。一切如故。

我开始发现，业务和预算并不全都围绕效率和理性展开，似乎还有政治和权力因素牵涉其中。但是我安慰自己，这只是税务局内部的情况。对于由政府执掌的垄断部门，你还能期待什么结果？其他商业和预算就一定会更加理性和高效，就没有政治因素，对吗？

管理成本：将痛苦降到最低

管理成本是管理任务的重心。毫无疑问，你的预算会被挤压。投入成本不断上升：顾客很少主动提高价格，员工很少主动降低工资，供应商总是希望价格更高，税务稽查员总是乐意多拿一点儿。另一方面，高级管理层不断地要求市场和需求更好、更快、更经济，不仅要削减成本，而且要提高效果。人们再也不愿意拿低成本换取低质量，而是希望既能降低成本又能保证质量。

财务到了接近年度尾声时，这种压力就像发条装置一样

越拧越紧。新年伊始的时候充满希望，渐渐地，实现目标变得越来越有挑战性。一种产品或者一个部门遭遇严重问题，整个组织都要分担痛苦：其他所有部门和产品的目标都被提高，以便弥补日本小部件市场的不足、欧洲的产品召回，或者是美国的诉讼带来的损失。

到了年底，管理者不可避免地关注年度报告中的关键百分比。所以，要做好准备满足以下要求：

- **削减成本，以便完成预算**。与提高收益相比，削减成本更容易、更快也更有可能实现直接满足要求。削减成本会给下一年带来问题，但是下一年的问题等到下一年再说。
- **管理现金**。通过挤压供应商（推迟付款）和顾客（要求顾客立即付款）来管理现金。
- **发挥创造力**。将支出资本化，制定额外条款，延迟重要项目，尽早确定收益。

既然知道紧缩在所难免，那就要做好准备。准备过程中可以采取五种策略，下文将逐一说明。削减成本是预算周期的组成部分，目的在于以最小的付出满足高级管理层的要求，并且避免对业务本身造成重大损害。短期来看，由预算驱动的成本削减与你孜孜以求的生产力提高有着本质区别。

经济衰退时，削减成本是为了生存，而不是为了保证生产力，结果可能十分难堪。最精明的公司利用经济衰退来清理组织内的弊病和效率低下的管理者。在经济衰退时，不是所有公司都有这种精明的资本。

真正的成本改善在于提高生产力。由年度预算周期（与经济衰退带来的恐慌相反）驱动的成本削减涉及各个管理层之间的大量游戏。应对预算驱动的成本削减，有五个层级的策略：

1. 预算游戏；
2. 软性紧缩；
3. 硬性紧缩；
4. 做出真正改变；
5. 假装做出改变。

预算游戏

这里涉及三种重要的游戏，每一种游戏都是为了避免严重地削减成本，从而导致业务受损。

- **堆沙袋游戏**。这是一种温和的艺术，就是要在尽可能长的时间内避开管理者和员工的眼睛，尽可能多地预留资金。在年度中间没有必要挤压供应商，否则到了年底，等高层要求每个部门将应付款和应收款提高20%时，你就失去了进一步挤压的空间。这种要求将不可避免地惩罚那些管理严谨的部门，但是对于谙于政治的部门则不会造成真正的影响。

- **KKK 游戏**。这是日语的发音缩写，分别代表咨询、广告和娱乐。在日本，一般来说，这些项目比较容易遭到削减。每个国家和组织都有与 KKK 相应的内容：可能是咨询、会议和培训。当然，如果会议对你很重要，就要确保在紧缩要求发布之前进行预算并支付费用，保证不可退款。
- **掌握时机游戏**。做好延迟成本或者加快收益的准备。如果年景很好，那就尽力加快执行成本并延缓收益；如果你本年度超额完成目标，下一年度的目标会水涨船高。最好保证下一年度的目标适中，从而在业绩上顺利打开局面。

这种游戏必须适当运用。参与游戏经常会犯两种错误：

- 轻易同意新的目标。
- 抱怨新的目标。告诉管理层实现目标十分艰难，会让他们感觉良好，你这样做说明你能通过努力工作完成新目标。管理层希望看到下属管理者努力工作实现目标。

如果可以的话，以新目标作为契机展开谈判。这种方式可以让管理者明白削减成本会造成后果，管理层要面对后果。不能凭空做出削减成本的决定。你可以尝试提出两个方面的要求：

- 延迟完成艰难但是对管理者至关重要的项目：这样

既能检验管理层的决心,又能赢得更多的时间完成目标。当然,你的借口是预算减少意味着支持更少,因此完成目标需要的时间更多。
- 降低下一年度的目标:现在减少投入意味着之后的业绩会受到影响。

"如果你不提要求,你就不会得到回应。"

要想在重新谈判中取得成功,你需要坚持不懈、能言善辩、获得政治支持和运气眷顾。但是,如果你不提要求,你就不会得到回应。

软性紧缩

一旦游戏结束,你可能要面对真正的成本削减。软性紧缩要经历四个层面的痛苦:

1. 挤压外部流动员工及成本。对临时工、合同工和咨询人员仔细考察,如有必要,对他们表现出大多数人对你一样的忠诚。解聘他们。尝试降低差旅座舱等级,公司里的大人物们会发现,登机时朝左走或者朝右走的这点差别并不会诱发心脏病。

2. 挤压内部流动员工。停止加班。开始提供更多工作和生活的平衡:采用更加灵活的工作时间,准许更多休假和工作共享。随着形势的恶化,延长圣诞节假期和暑期停工时间。

3. 削减员工人数。一般来说，有人离职之后，很难找到替代人员。因此，如果有人离职，不要以为他们能够自动被别人取代：别人的精力或许更适合用在别的地方。

4. 暂时停止招人。这时，企业开始感觉到痛苦。离职的员工没有被替换。通常，压力最大的部门离职率最高，因此暂时停止招人对这类部门的伤害最严重。重新指派员工会很难，因为技能组合不匹配。除非时间比较短，否则长期停止招聘会很艰难。即便到了这个时候，管理者也要尽量保持团队团结。裁掉团队成员会损伤士气，影响运营。

软性紧缩将在咖啡机上最先看到：咖啡机从免费变成付费，节省的钱与公司预算无关。这种行为的目的是象征性的，宗旨是提高员工的成本意识，但通常这只会降低士气。

硬性紧缩

这时，痛苦真正开始。最后一招是主动裁员，可以通过以下两种方式进行：

- **提高业绩要求**。提高业绩要求，并悄悄地劝退业绩较低者。这是比较体面的解决方案，可以提高团队的整体质量，摆脱贡献较少的人。从这个角度讲，衰退也有衰退的好处，企业可以借机进行内部清理。衰退不仅可以清除效率低下的管理者，也可以

第二章 理性管理技能：处理问题、任务和资金

清理较弱的业务。问题是这需要时间，花时间建立业绩追踪记录并花时间清理人员。这对于长期的管理有效，但对于短期的成本削减很难实施。

- **寻找主动离职的人**。这会变成一场灾难，等于是承认船要沉了，所以会游泳的就要游泳。能在别处找到工作的优秀员工会离职，无法在别处找到工作的人会拼命抓紧沉船。这并不是你想要的团队。

最后的办法是实施被动裁员。很明显，这时企业已经陷入危机。开除员工没有仁慈可言，但是执行起来，可以采用相对柔和的方式，快刀斩乱麻比延长痛苦更可取。尽量让不幸者离开的时候保持尊严，对未来保持希望，但是不要把过多的精力放在他们身上。这听起来有些残忍，但是你要和幸存者而不是离开的人一起生活和工作。必须投入尽可能多的时间，帮助幸存者看到他们可以参与其中的希望和未来。

做出真正改变

上述削减成本的各种努力都不会提高潜在业绩。下意识的削减成本看起来令人印象深刻并能够帮助 CEO 获得更多分红，但是对业务并没有帮助。

在实践中，真正的改变来自两个方面：

- **稳定地改善运营**。不断改善，每年将成本和质量改善几个百分点。每年降低成本 4% 并提高业绩，比每

5年一次性降低成本20%的效果更好，也更温和。
- **改变战略**。这是指对成本模式做出结构性改变：清理无利润和高成本的产品、市场和渠道；开发新的技术、产品和市场；改变竞争地位。所有这些内容写在报告中容易，但是实现起来却很难。

CEO们最喜欢的一种战略是财务重整：利用资产负债表买卖业务。在好的时候买进，在衰退的时候卖出。当企业的CEO们开始玩垄断部门的游戏时，损失的是股东，获利的是银行。经济上行也好，下行也罢，银行家坐赚不赔——他们的收入来自买卖咨询和金融债务。经济繁荣时，股东们亏在高价购买资产上；经济衰退时，股东们又亏在低价甩卖上。

所有真正改变带来的问题是，技能和天赋与你相差无几的竞争者在业绩上与你不相上下。每年你越来越努力地工作，结果只能赶上竞争的潮流。至少，没人假装管理很容易。

假装做出改变

持续改变成本和生产力的需求是真实的，即使最成功的组织也不能一成不变。但是一个组织越成功，管理者需要做出的艰难决定就越少。因此，不可避免的是，他们会想方设法表明他们在做出明显改进，而实际上却没有做出任何改变。这类成本削减带来的是虚假利益：华而不实。有两种方法可能带来虚假利益：

- **挤压气球法**。挤压气球时，空气会从气球的一个地方移动到另一个地方，但是气球里的空气并没有减少。在企业内部挤压气球时，成本会从一个部门转移到另一个部门，制造出业务改进的假象。挤压气球的方法有两种：

  （1）将成本转移到其他部门：提高转让价格，对之前免费的服务（包括IT帮助台、法律支持、工资管理等）收取费用。

  （2）将成本转移到下一年：延迟向客户付款，延迟主要支出，将成本资本化（然后在接下来的5年里支付资本贬值）。

- **计分板法**。这是顾问和项目经理们喜爱的一种方法，他们必须展示项目结果。计分板也有两种基本方式：

  （1）将所有潜在收益当作实际收益：财务重整的项目可能确认有50人超额生产20%，但是你不能将每个人的收入削减20%。于是项目负责人同意业务主管的意见，削减20%（或者10名员工）的成本，之后将其添加到该项目已经实现的20%的成本节约中。一般来说，高级管理人员没有进一步跟踪和检查，不知道业务主管是否真的实现了20%。

  （2）改变基准。如果一个部门正准备将预算提高30%，实际上提高了15%，你要做好心理准备，他会声称预算被削减了15%。增长15%被说成削减15%。在商讨预算时，政治家们经常喜欢使用这种策略。

如果存在这种游戏，那就说明这是一个机构冗余的组织。在必要的情况下，了解游戏规则可以帮助你发现并控制游戏，或者是参与其中。

离奇失踪的3500万美元

总部冷静地宣布，将预算从本来已经反常的9400万美元提高到1.34亿美元，这是在窃取4000万美元的红利。当这个数字遭到质疑时，总部扔下一个挑战："如果有谁能将艰难的预算降到1亿美元以下，欢迎他来试试。"总部的管理层得意地笑着，因为他们知道没人会傻到与整个总部为敌。

或许没人会那么傻。不幸的是，我也在场，我自愿结束职业生涯。摆在面前的挑战是节约3500万美元，同时又不会成为这个行业中各位大佬的死敌。按照"假装做出改变"这种策略：

- 使用错误的基准：削减名义上的1.34亿美元预算远比从今年的9400万美元预算中削减真实的花费和裁员容易。我可以削减3500万美元，同时让总部的预算增长超过5%（从9400万到9900万）。
- 转移成本：这么做总部很高兴。我们开始对所有服务收费，包括语音邮件系统。0800的号码也被停用，取而代之的是普通的付费号码。总体业务并没有提升，但是总部可以发现净成本在降低。
- 将尽可能多的成本资本化：将总部搬到我们自己持有的物业，并且不收租金，于是支出大幅节约。将笔记本电脑的更换周期从2年延长到4年。

第二章 理性管理技能：处理问题、任务和资金

官方看来，这种方法节约了3500万美元。在实践中，对于业务而言，成本节约为零。但是这挽救了我的事业，所以这种方法非常值得尝试。

制定和控制预算

1. 提高要求

管理者总是希望得到较低的要求，并找各种借口达到这种目的。你必须挑战和拓展他们，让他们改进。

2. 与簿记员、会计和财务人员交朋友

这些人可以成为你的耳目，帮你发现意外情况，避免受伤。

3. 严格管控

要清楚谁被授权花费多少。严格管控，但是不要进行微观管控：相信管理人员，赋予他们预算自由。你不必对每一台复印机进行授权。

4. 坚持程序

关于费用为何延迟、为何错过月底结算以及账户超期等，你会听到很多借口。如果你的数据不可靠或者已经过时，你就管理不好。要执行流程和标准。

5. 让管理者承担责任：预算就是预算

定期（每月）进行工作回顾，让管理者对不一致的地方进行说明，同意进行改正。你会听到各种各样的理由，解释为何要改变预算。但是一旦你的团队认可预算，那就与你订立了契约，要让他们遵守契约。

6. 保持一切成本节省

难免有些部门完不成预算。因此，你必须在不同部门之间重新平衡预算：这就意味着你必须保持一切成本节约。

7. 关注预提费用，而非现金

开支不仅包括现金，还包括对未来支出的承诺。要像控制现金一样控制承诺。要根据承诺制定规划。

续

> **8. 关注大项，而非小项**
>
> 控制打印机成本这样的小项目比控制大项目更容易。像工资单这样的大项目更难控制，但这正是管理者的职责所在：处理艰难的工作。
>
> **9. 保持方法的灵活性**
>
> 目标要执着，方法要灵活。相信团队的创造力。帮助团队实现目标。
>
> **10. 谨慎游戏**
>
> 作为管理者，你玩过所有游戏，因此你知道人们惯用的伎俩：预留资金、延迟招聘、在年底隐藏成本和收益。你可以决定陪他们一起玩或者反对他们，但是至少要做出明确的选择。

善用电子表格：假设，而非运算

在电子表格出现之前，人们有一种天真的想法，认为数学能力强就意味着思维能力强，数学能力差就意味着思维能力差。

在电子表格时代，我们不必太担心数学能力不好，除非有人使用复杂的方程式和宏。掌握电子表格与思维能力有关，与数学能力无关，了解电子表格创建的原理大有裨益。表格制作者通常运用的两种基本策略：

- **从右下角开始**。你知道答案肯定是百分之几或者几百万英镑，因此，只需不断调整输入，直到得到百分之几或者几百万的数字。然后，增加一个安全边际，确保数字不是整数，看起来不至令人怀疑。

- **利用数据击败对手（包括高管和员工）**。大多数人真正想看到的是右下角的数字（已经添加了安全边际的百分之几或者几百万）是否正确，因此200行、40列数据、6页纸的内容应该会吓坏大多数人。

电子表格生存游戏的规则很简单，并且编写表格和阅读表格时的规则完全不同。

编写电子表格的规则如下：

- 从右下角大家预期的结果开始。
- 编制任何能够得到结果的正当情景和假设。
- 保守地做出较小但是容易检验的假设，不要让你显得鲁莽，要有证据表明你很谨慎。
- 掩盖你的行迹：留出安全边际，避免使用整数。
- 让关键人物验证你模型中的主要假设，这样高级管理人员就不会把它拆开。验证是最艰难、但也是最有效的行动：这种方法被用于检验销售、市场、人力资源、财务和其他相关专家的假设，从而获得远见、检验思维并为以后建立信任。

对阅读电子表格的读者而言，规则基本相反：

- 忽略结果，除非结果是你不想看到的。假定结果是捏造的。
- 阅读电子表格之前，思考五种可能产生该结果的主要假设，注意每一种假设应该产生什么结果。
- 阅读电子表格之前，询问表格制作者，针对你发现的五种因素分别做了什么假设。此时你们可以展开热烈的讨论。
- 问问"如果……怎么样"这样的问题：如果五种假设中，每一种的结果都与你期待的不一样怎么办？哪里有风险？如何降低风险？根据假设的改变创建不同的情境。这是基本的敏感性分析。永远不要依靠单点的解决方案，要关注不同的情境。

到了这时，电子表格才值得一看。

了解数字：玩数字游戏

"管理数字与思维能力和说服能力有关，与数学能力无关。"

数字令人感到紧张。我的专业是历史学，因此数字令我感到紧张，我连历史上的日期都不太擅长。一个关键的突破是我发现管理数字与思维能力和说服能力有关，与数学能力无关。有些时候，甚至连学历史的人也能应对数字。相较之下，并非所有擅长数学的人都对商业思维与劝说抱有自信。数字游戏对于不同专业的人来说，机会是均等的：它对每个人都很难。

数字游戏有四种主要形式：

- 假设游戏；
- 平均数游戏；
- 基准游戏；
- 验证游戏。

假设游戏

这个游戏告诉你遇到复杂的电子表格或提案时，如何让你看起来很聪明。不要担心数学能力，读一下最大的数字，然后检验一下数字背后的假设。

这一点在上文有关电子表格生存法则的部分已经做了详细阐述。需要验证的典型假设包括：

- **市场**：规模、增长率、占有率。
- **客户**：数量、获取成本、服务成本、客户流失。
- **运营**：职位均摊成本、人均间接费用、资产、系统。
- **人**：需要的数字、人均成本、招聘成本、人员流失。

要想从这个游戏中胜出,就要在阅读电子表格或提案之前,建立你自己的假设清单。不要陷入你眼前提案的拜占庭式①的内部逻辑。如果你确信自己的思维和假设是清晰的,就能容易地对别人的思维和假设进行检验。

平均数游戏

平均数具有很强的误导性。人类平均51%为男性,人均不足两条腿(有些人失去了腿),这种平均数毫无意义;总分为5分,客户的平均满意度为3.2分,这种平均数依然没有意义。对管理者而言,极值和数字段有用得多,例如:

- 如果客户满意度是3.2分,那么有多少人对我们真的满意,有多少人对我们真的不满意?为什么?有多少不满意的人离开了我们?如何让满意的人变得更加满意?平均满意度是否包含客户对一方面满意(例如店面服务),而对另一方面不满意(例如电话支持)?
- 2016年美国的家庭收入中位数是56516美元。可那又怎么样?这是不是就意味着私人飞机或者高端酒店和度假经济就没有市场?
- 当人把头放在微波炉中,把脚放在冰箱里,人体的

---

① 形容错综复杂。——译者注

第二章 理性管理技能：处理问题、任务和资金

平均温度可能还是能够被人接受。不要在家里（或者其他地方）尝试这个实验。

面对平均数的时候，一定要查看平均数背后的极值，以及平均数附近的主要数字段：只有从这里才能得到真知灼见。

> **对平均数嗤之以鼻**
>
> 汽车里装满了一种新型香皂，我们打算向全国推广。这种香皂香味很浓郁，车里的乘客都开始打喷嚏。当在车上打了4小时的喷嚏之后，我们变得与市场调查中的客户一样讨厌这款香皂。我们可是香皂的管理者啊，我们想知道，市场调查评价这么低的产品为何能够走向全国。答案是，在市场测试中，它表现得很出色。这一点让大家更加疑惑。
>
> 市场调查是针对所有消费者开展的，即使大多数消费者并没有打喷嚏，他们仍然讨厌这款香皂；但是约有15%的客户认为这款香皂很棒，是他们用过的最好的香皂。鉴于没有哪一种香皂市场占有率超过10%，这无疑是个惊喜。根据市场调查结果，我们将香皂投入市场测试，有15%的忠实消费者不惜成本大量购买这种香皂。
>
> 对我们的产品而言，平均数毫无意义。我们只针对一部分市场就可以抓住利润空间。现在，我们只需一路打着喷嚏去参加全国销售大会……

基准游戏

对管理者而言，打破基准是一个传统的智力和政治挑战。制定基准应该是理性和可观的活动，实际却并非如此。它是一种政治活动，从根本上决定对业绩的看法。天真的管

理者忽略了这一点，并接受给定的基准；有经验的管理者明白，超越适当的基准比接受具有挑战性的基准更加容易。

这个游戏有两种主要形式：

- 下降的基准。
- 虚假的基准。

下降的基准

"基准可能是商业领域中最具欺骗性和最危险的假设。"

基准之所以具有欺骗性，是因为它看起来自然而又理性；它之所以具有危险性，是因为它通常是错误的。请找出以下两例中的错误。

- **案例一**：我们当前的预算是每年1500万英镑。我们努力工作，节约了15%的成本，即使出现5%的通货膨胀，我们仍然能够节约10%的成本。相对于基准，这意味着节约了150万英镑，但是我能因此拿到分红吗？
- **案例二**：我们的市场占有率为10%。我们决定将案例一中节省的成本投入一项重要的减价行动。我们从市场调查和一轮小型市场测试中获悉，在这个价格敏感的市场中降价10%会收到良好的效果，我们

第二章 理性管理技能：处理问题、任务和资金

的市场占有率可以提高到15%。这个行业对规模十分敏感，市场占有率上升，利润也将大幅提高。

两个案例中的谬误之处在于，假设基准是固定不变的。当前预算和市场地位的起点永远不是固定的。在商业领域，所有这类基准都在不断下降，竞争对手会通过提高效率和削减成本打乱我们的计划。在案例一和案例二中，竞争对手都会对我们采取的行动做出反应：我们会按照承诺实现成本节约，但是只要竞争对手与我们采取同样的措施，我们的利润和市场占有率就不会增长。虽然我们很努力，但结果仍然是在原地踏步。

即使没有竞争对手的影响，企业仍然面临着基准下降。每个组织都会向混乱状态缓慢下滑：有经验的员工离职，新进员工需要培训；供应商制造麻烦；顾客要求改变；技术进步使我们现有的工作方式显得冗余；机器和系统出现故障；各种各样的意外不期而至。在这种背景下，想要维持稳定的现状尚且需要艰苦努力。这一点的后果十分严重：

- 节约成本的项目很少会带来利润增长。所有的节约都会被同样精力充沛的竞争对手抵消，只有顾客会从我们的努力中获益。
- 在竞争的影响下，销售和市场项目将艰难地争取市场地位。
- 管理者必须艰苦奋斗才能维持现状。要想做得与去

年一样，就要花费巨大的努力，同时还要应对外部竞争和内部不利因素造成的负面影响。

虚假的基准

各个层面的管理者，尤其是CEO，特别喜欢利用虚假的基准，这是对基准下降产生的自然的政治反应。虚假基准的目的在于降低起点，无论你做什么，都是对现状的改进。

当你接受一项工作时，你很可能会发现前任管理者的工作业绩很出色，这正是他得到晋升的原因。可能他们已经摆出姿态：他们已经实施了所有必要的方案来改进业务。如果你纵容这种说法流行开来，你就会完蛋。如果你取得了成功，别人会认为那是因为你实施了前任推行的方案；如果你做得不够出色，则会认为是你将事情搞砸了。你接手一个新的职位，绝不希望看到基准设置得过高。

相反，你应该尽快证明，你接手的职位或者部门正处于崩溃的边缘。一切都陷入灾难，只有超级英雄才能扭转局面。幸运的是，关键时候你出现了。如果形势顺利，你可以大展身手扭转颓势。

同样平凡的业绩，既可以被当作灾难，也可以被视作胜利，完全取决于基准是如何制定的。

验证游戏

验证游戏既与数字有关，又与人和政治有关。企业资本

第二章 理性管理技能：处理问题、任务和资金

家、银行家和高管不会简单地阅读递交给他们的数字，他们会考察数字背后的人。具有高可信度的团队提出的务实的方案，要比实力较弱的团队提出的激动人心的方案更具说服力。

高效的管理者明白这一点，并且对其善加利用。首先，拉拢"县治安官"及其"副手"，他们来自市场、人力资源、IT、财务和会计等部门。他们都想获得发言权，私下里给机会让他们发言，让他们私下里挑刺。一旦任何人在公开场合选定立场，他们就很难改变立场了。如果他们在两人以上的会议场合发声，就可以视作公开立场，关键在于私下里让他们支持你。一旦你拉拢了"县治安官"，就可以接近"市长"，"市长"是地方的权力经纪人。如果说"县治安官"及其"副手"感兴趣的是各自的区域，"市长"感兴趣的则是更广的范围：你的数字如何与城里的其他优先事项和数字相互匹配。

一旦你邀集了"县治安官"及其"副手"和"市长"支持你，你就可以进城狂欢了。其他的"牛仔们"根本没有机会成功。

第三章

情感管理技能：处理人际关系

第三章　情感管理技能：处理人际关系

情商并不是为了和蔼而和蔼。建立组织的目的不是为了和蔼，而是为了取得业绩。对于私营公司来说，一般是为了获得利润。情商并不是目的，而是达到目的的一种手段。

情商就是让他人参与工作，这是管理艺术的核心。情商与指挥和控制不同，它是利用影响力让别人心甘情愿地工作，无论你对他们是否具有最终的控制权。在扁平化、矩阵式的组织中，要想实现目标，不能命令别人做事，你对他们并没有控制权。你必须想方设法与他们合作，赢得他们的支持和认同。如果你能做到这一点，你就会获得远超你的正式职务范围内的权力和成效。

情商并非与生俱来的特质，要么有，要么没有。很多管理者认为他们对人很和蔼，他们或许是对的。但是在商业领域，受人喜爱与受人尊敬和受人看重迥然不同。高效的管理者必须受人尊敬和信任，他们不必受人喜爱，这个观点并不新鲜。马基雅维利（1469—1527）建议王子"如果你无法求全的话，与其让人爱戴，不如让人畏惧"。他还建议王子通过处死一些人以儆效尤、维持秩序。当然，并不是在所有情况下都有必要采取这种极端的行为，但是很多受人爱戴的人的结局并不如意：他们经常会在一潭死水般的组织中苦苦挣扎，在那里他们湮没无闻也无关要紧。

"高效的管理者必须受人尊敬和信任，他们不必受人喜爱。"

学习情商应该从哥白尼革命开始。哥白尼发现地球并不是宇宙的中心，情商学习的起点就是认识到我们自己并非宇宙的中心。高情商要求我们能够从别人的角度看待这个世界，我们不必喜欢也不必认同别人的观点，但是我们必须了解别人的观点。只有当我们了解别人的世界观，我们才有可能改变这种世界观。

学习情商最有效的方法是学习一系列具体的技能，这些技能与重要的管理任务息息相关。基于技能的情商学习方法既简单又实用。在本章各个小节，我们将聚焦十种基于情商的技能，这些技能是管理艺术的核心。

- 激励：培养忠实的追随者
- 说服：如何推销
- 指导：远离培训
- 授权：做得更少，做得更好
- 应对冲突：从恐惧到倾听
- 提供非正式反馈：变负面为正面

第三章 情感管理技能：处理人际关系

- 有效利用时间：行动与成绩
- 注意你的思维：管理者的思维方式
- 找到你的实践区：通过学习得到发展
- 学习正确的行为方式：满足团队期望

警觉的读者会问，说服他人和激励他人之间是否有区别？两者的确有区别。说服他人通常是一个事件，指的是在观点或者行动上赢得他人的支持，这是两个人之间的一种交易，在交易过程中你说服别人同意你的观点。而激励他人不仅是一次交易，它指建立一种长期关系，最终让他人完成你想完成的目标，在此期间无需对其进行不断的管理、衡量和监控。如果激励得当，他们就能超过你的预期，超额完成目标。

真正挑剔的读者会发现，变革管理和政治意识这类话题被省略了。这些内容被纳入政治商那一章，因为政治商关注的是管理者与组织间的互动，情商则更加侧重管理者与其他个体之间的互动。

毋庸赘言，让我们逐一考察这些重要的情商技能。

激励：培养忠实的追随者

经过几十万年的生存，我们最终可能发现了激励的原理。为了找到答案，我们首先看一看至今仍然支配着管理思维模式的两种理论，然后看一看如何在实践中运用这些理论。

理论1：激烈的争论：X还是Y？

对于理论1，请你想象一下在组织内外你特别讨厌的一个工作组；然后想象一下你特别喜欢的一个工作组。下面两个描述中哪个更符合你选择的各个组？

描述X

组员们总体上懒惰而又散漫，他们工作的目的主要是为了钱，而且总是锱铢必较。他们只付出最小的努力，只是为了避免纪律惩罚或者收入损失。他们不喜欢冒险、不确定性和责任，爱将艰难的决策扔给他人，然后抱怨别人代他们做出了愚蠢的决定。控制这些人的最佳方法是对他们进行密切管控、赏罚分明，而且指令清晰。

描述Y

经过适当的管理，这些人能热心工作：他们会努力工作，并发挥一定的创造力来解决问题，而不需要寻求指导；他们会承担责任而不是逃避责任，除了工资之外，他们会从工作中收获更多东西。你可以放心地将任务交给这些人，不需要对他们进行监督，他们会在工作中学习并成长。

你可能会发现两组描述中的人都存在，不同的组需要用不同的方式进行管理。理论上讲，X类型的个体属于19世纪血汗工厂中缺乏技能的工人，而Y类型的个体属于21世纪具有高级技能且动机很强的工人。在实践中，这两种人在各种环境中都能找到。这里还有很大的自我实现因素，如果

你不信任别人，认为他们需要管控，那么他们就会用 X 类型的行为来应对 X 类型的管理方式——付出最少的努力来服从你的要求，但是不会对你忠诚；同样，当你开始用 Y 类型的管理方式，工人也会做出积极的响应。

麦格雷戈（McGregor）在《企业的人性面》（*The Human Side of Enterprise*，1960）中描述了这两种类型的人。近 60 年后，X 类型管理者（严密控制、严格管理）和 Y 类型管理者（授权和信任型）的思想依然存在。XY 理论的优点在于其简单性：

- 不同类型的人需要采用不同的管理方式。
- 大多数管理者都对 X 类型或者 Y 类型的人存在偏见。
- 如果你能根据你的工作环境选择合适的管理方式，那么你就能取得成功。

要么找到适合你工作方式的工作环境，要么根据不同的环境采取不同的工作方式。想想与你共过事的大多数管理者：很少有人能在 X 类型和 Y 类型之间转换。工作方式与工作环境之间的冲突是大多数团队管理出现问题的原因。

理论 2：马斯洛与需求成瘾

如果你想要复杂一点，你就需要更繁杂一点的理论，而不是在两种方式之间做选择，就像抛出硬币，然后贴上"X"

或"Y"的标签。我们抛开麦格雷戈来看马斯洛。马斯洛从 1943 年（《人类动机理论》，*A Theory of Human Motivation*）到 1997 年（《动机与人格》，*Motivation and Personality*）在一系列论文和专著中建立了需求层级理论。了解马斯洛大有裨益，因为他的名声和他的思维方式极大地影响了管理学思想，且他的一些思想十分实用。

马斯洛的根本思想是我们都有需求。我们总是渴望得到更多东西，一旦满足了一个层级的需求，我们就会发现自己想得到更多。孩提时代，我们想要自行车，之后我们想要摩托车，然后是汽车；为了赶上同事，我们想要跑车；为了与其他 CEO 攀比，我们想要私人飞机；最终，我们需要一架大型私人飞机。我们会嘲笑仍然骑自行车的人。马斯洛从心理学出发得出这个理论，经济学家也发现了同样的效应，并称之为享乐适应：与适应更低标准的生活相比，我们更容易适应更高标准的生活。如果你 20 年前活得很开心，想象一下，如果没有 iPad、智能手机、电脑、互联网和廉价航班，你还能否活得很开心。20 年前人们是如何生存下来的，简直是个迷。

"如果你20年前活得很开心，想象一下，如果没有 iPad、智能手机、电脑、互联网和廉价航班，你还能否活得很开心。"

马斯洛金字塔（如图 3.1 所示）的底端是匮乏性需求：

第三章 情感管理技能：处理人际关系

如果没有食物、水和空气（生理需求），我们就不会开心。安全也是一种匮乏性需求：缺乏避难所和保护，我们也不会开心。金字塔顶端是成长需求：我们想找到人生的意义，并留下遗产。该理论的大部分内容与其他心理学家的理论不谋而合，也没有招致很大的争议。尽管如此，马斯洛的分类与心理呓语十分相似，在管理学语境中基本上没什么用。询问CEO是否处在恋爱阶段容易引起误解，知道人们处于什么阶段以及该如何应对并不容易。

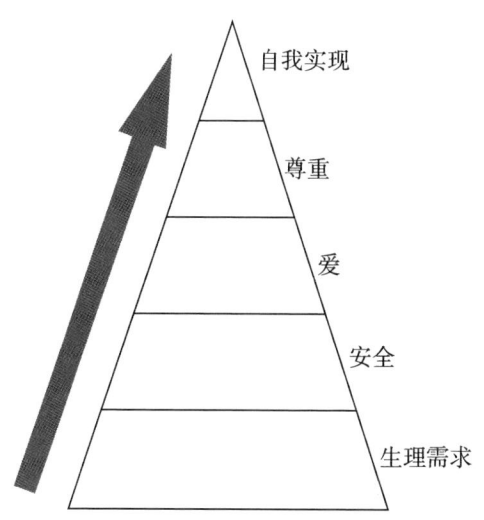

图 3.1　马斯洛的需求层级图

管理者需要更简单、更实用的理论，因此我们在没有得到授权的情况下，对马斯洛的需求层级图进行了改造（如图3.2所示），构建了管理需求层级图。

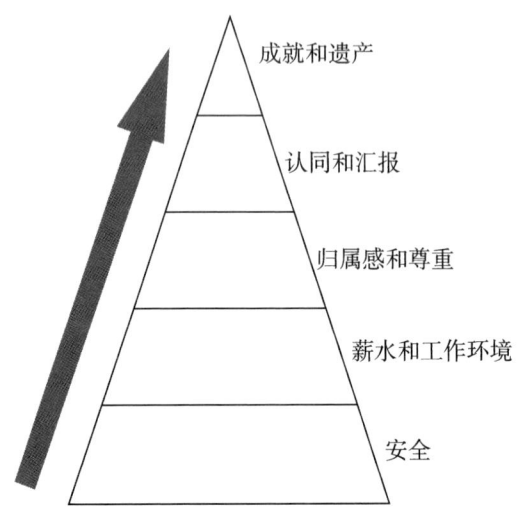

图 3.2 管理需求层级图

有了这张图,事情就变得更加简单了。在经济繁荣时,员工可能想得到更高的认可和回报,可能对即将取得的成就有更高的追求;在经济衰退时,人们对工作安全更加感兴趣,为了生存下去,甚至愿意牺牲一些工资和待遇。马斯洛的理论在商业领域也站得住脚。在正常时期,工资和待遇不太可能让人感到高兴,但是工资和待遇不佳会让人感到失落。

> **奖金时间**
>
> 说到发放奖金,投资银行的情况可以让我们得到启示。一名高级交易员得到了 30 万美元的奖金,这笔奖金对大多数人来说足够丰厚,可他却毫不犹豫地(将支票存进自己的账户之后)愤然辞职,

第三章 情感管理技能：处理人际关系

> 因为另一名亲近的同事得到了 50 万美元。问题在于，这笔奖金让他觉得自己比同事的价值更低。对希望在事业上得到认可和奖励的管理人员来说，这严重打击了他的自尊心。

在基础阶段，你可以利用这个框架来检查是否具备激励团队的基本条件：

- 员工具有安全感吗？还是存在接连不断的恐惧、不确定性和怀疑？
- 工资和待遇是否公平合理？
- 团队成员有团队和群体归属感吗？还是遵循适者生存法则？
- 团队成员的贡献得到认可了吗？还是光环都集中在一两个人身上了？
- 团队是否存在有价值的目标，这些目标是否支持每个人的个人愿望？

如果你能积极地回答这些问题，你已经为激励团队创造了条件。但是你还没有完成目标：激励不是纸上谈兵。激励是一项涉及他人的活动：你必须通过激励他人，而不是处理公文来处理人际关系。有些管理者脑子里想着这个层级，并通过制造恐惧和不断威胁来实施管理。人们可能不得不为这种上司工作来支付按揭，但是很少有人会与这种上司通力合作。

激励实践：神奇规则

马斯洛只是帮助我们了解如何为激励团队创造前提，他并没有告诉我们如何在每天每日、每时每刻的工作中处理人际关系。

在实践中，激励时刻都在发生，并且有积极和消极之分。细小行动和轻言细语都可能迅速提高或降低个体的动机。这就意味着你必须对不断变化的形势做出迅速和恰当的反应：人并不像电脑那样容易预测。

为了寻找优秀管理的秘诀，我们对本组织内的所有管理者进行了评估，并邀请其团队对他们进行评估。评估产生了成堆的数据，既难以处理又令人疑惑。但是我们看得越多就越是发现，有一个问题可以准确地预测各个管理者的团队对其管理者的智商、决策能力、魅力、组织技能、团队领导力和我们关注的所有其他能力的评价。这个问题就是："我的上司关心我和我的职业"（同意/不同意）。

这一点既简单又明确。人们渴望得到关心、器重和尊敬。关心他们，他们就会加倍回报你。因此，激励他人的黄金法则就是：

对你团队中的每个成员的未来表示关心。

关心并不是说总是对他们好，或者偶尔用空洞的表扬来管理他们，关心需要投入和努力。关心包括以下素质，这些

第三章 情感管理技能：处理人际关系

素质将在后续各节深入讨论：

- **倾听**：问开放性问题，在对他人做出判断之前先了解答案。
- **指导**：帮助他人应对挑战，而不要代替他们。
- **诚实**：面对令人不快的事实，不要掩盖，这样能建立信任并赢得尊重。
- **展示**：根据心理契约展示自己，维护你的信誉。
- **风格**：尊重各个团队成员不同的风格和技能——与他们合作，而不是强迫他们适应你的风格。
- **视野与方向**：调整你所在部门的视野，使之与每个人的个人需要、视野和方向保持一致，让他们感受到尊重。

如果这些要求听起来很难做到，那么事实也正是如此，但是难有难的目的：要鼓励每位团队成员发挥最大的潜能。如果这听起来有点复杂，那么你可以让它变得简单。即使你简单地表示关心，也可以收到立竿见影的效果。

如何管理专业人员

1. 拓展他们

专业人员天生是一味追求成功的人。让他们超越自己，不断学习和成长。如果让他们无所事事就会很危险。

2. 确定方向

专业人员不会尊敬软弱的管理者。确定方向，明确实现目标的途径，坚持不懈地为之奋斗。

续

3. 保护团队

将团队的主要精力集中在变革上,保护他们不受政治倾轧,免于日常琐事和公司日常杂音的干扰。如果你在这方面做得出色,他们会对你心存感激。

4. 支持团队

帮助团队取得成功,确保他们拥有正确的资源、支持和目标。

5. 表明关心

在每一位团队成员身上投入时间,了解他们的需求和期望,在他们的职业旅途中提供帮助。

6. 避免"惊喜"

不要在评估的时候给团队"惊喜",否则所有的信任都会烟消云散。要尽早就业绩问题与团队成员展开谈话,让他们能够尽早改进。

7. 认可他们

专业人员自尊心很强。满足他们的自尊心——在公共场合赞扬他们,永远不要公开贬低他们。艰难的谈话应该私下进行。

8. 充分授权

如果可能的话,授权给他们一切,不要让团队将问题扔给你。指导他们自己解决问题——他们会从中学习,成长为更有价值的团队。

9. 提出期望

有些专业人员巴不得立马就能得到一切,有些希望回报更多、速度更快。你对奖金和晋升的任何表态都会被当作100%的坚决承诺,因此,你在传达信息时一定要立场明确、前后一致。

续

> **10. 减少管控**
> 相信你的团队，实行"走开式管理"。"微管理"表明你缺乏信任，这会在专业人员中间制造怨愤。相信你的团队，他们便能应对挑战。

说服：如何推销

你不能命令大家该做什么，你必须说服他们去做什么。如果你是管理者，你就需要推销。即使你从来不向消费者推销产品和服务，你也要向你的同事推销思想、优先顺序、变革和解决方法等内容。

> **"如果你是管理者，你就需要推销。"**

说服的原则

恐惧、贪婪、闲散和风险标志着某些令人丧气的人类行为，但是从管理学方面讲，它们能够精准地发挥作用。你需要从这四个方面影响别人（如图3.3所示）。人们希望逃离恐惧，找到努力目标（贪婪和希望），同时会面临风险和闲散这两个障碍。善于影响他人的人知道如何利用这四个维度。

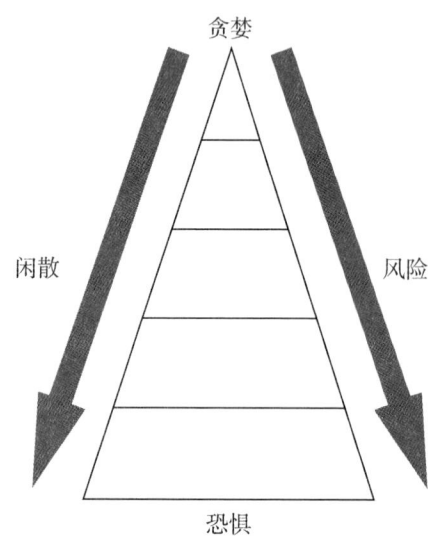

图 3.3 马斯洛精简图

贪婪

贪婪与马斯洛的成长需求相对应：每个人都有需求，当人们的需求得到满足时，他们又会产生新的需求。一开始，人们可能需要金钱，但是金钱不是全部需求。人们还有其他需求，渴望得到认可。认可的方式很简单，比如在公开场合对工作成绩进行表扬，也可以是志向远大的商人通过形象工程和政治捐赠赢得政治认可和公共声誉。说服别人不是看你想得到什么，而是看别人需要什么。

在日常管理实践中，贪婪与同事们的日常希望有关。他们有工作目标和期限要求，他们想拥有美好的外表和成功的

第三章　情感管理技能：处理人际关系

事业。你的想法聪不聪明无关紧要——如果你的想法不能帮助你的同事实现他们的计划，他们只会冷淡地应对。你的想法可能在你眼里很出色，但在别人眼里意味着更多的工作负荷。

恐惧

恐惧是贪婪这枚硬币的另面。它可以成为一种强制手段，让别人服从你的思想。在很多情况下，恐惧的理念是："如果你不这么做，后果将是……"。一提到制度、法律、健康和安全等方面的问题，很多管理者就放弃了。没有必要冒险将这些事情搞砸，尽管风险很小，但是代价很高。IT顾问也会使用恐惧策略：如果你不实施我们昂贵的项目，那么你们所有的关键任务程序都将面临风险。很多高级管理人员都缺乏专业技能，或者不愿意对这种利用恐惧的推销进行反驳。

恐惧也是相对的。削减成本通常会增加恐惧，而不是减少恐惧。这就是削减成本会在明里暗里遭到抵制的一个原因。为了让大家支持成本削减，高级管理者需要大打恐惧牌，警告员工如果不削减成本会造成什么后果："如果我们现在不削减成本，那么所有人都会失业，因为公司破产了。一部分人失业好过所有人都失业。"

闲散

我们想做的事情很多，但是生活太忙。我们可能想学习西班牙语、想健身、想画画、想参与社区活动，但是这些事情都会耗费精力。与此同时，我们还要支付账单、喂狗、修理汽车。在工作上，你有你的雄心壮志，但是每个人都有自己的问题要处理：各种预算、会议、截止期限和危机。你的想法只是在繁忙的日程上火上浇油，同事们可能会欣赏你的想法，但是不一定会停下手头的工作帮你去实现它。

你必须让人更容易接纳你的想法，要让他们看到，你的想法可以帮助他们实现目标。相反，如果他们反对你的想法，就会浪费大量时间，坐失良机。要让他们无法拒绝。

"你必须让人更容易接纳你的想法。"

风险

风险是导致很多想法覆没的冰山。风险通常难以发现，也鲜少有人提及。大多数人天生厌恶风险。任何新想法都不可避免地带有风险：它可能无法实现；它可能会从其他事情上转移资源；它可能会产生意想不到的后果；它可能会导致权力结构发生变化。无论开什么会议，都可以听一听新想法提出之后通常发生的情况（除非想法是老板提出的）。人们会立即质问"你想过这个吗？你想过那个吗？……"这类问题，这些问题会产生以下效果：

- 表明提问者在聆听，而且很聪明，因为他们能迅速发现问题。

- 扼杀新想法，因为每个人都看到风险有多大。
- 扼杀创新，因为现在每个人都意识到，新的想法只会招致大家的质问和否定。

如果大家能将焦点放在新想法可能带来的效益和机会上，而不是打着好心提问的幌子，一味地关注其风险和问题，就能避免这种徒劳无益的结局。

风险主要包括三种类型：

1. 理性风险：对业务有何影响？公开讨论受到鼓励，因为商业靠的就是理性。

2. 政治风险：对我的部门有何影响？会因这个想法而失去还是获得资源、优先权和影响力？

3. 情感风险：对我有何影响？我是否要更加辛苦地工作，是否会被边缘化，是否要跟着新领导工作，是否要学习新技能？人们永远不会公开提出这些风险。相反，他们会从理性方面和业务上提出更加具有说服力的反对意见，以掩盖他们个人和情感上的反对立场。

有必要明确你面临的风险类型。对于明显的逻辑问题，很多争论愈演愈烈。遇到这种情况时，双方不停地挖坑，甚至借助逻辑为政治和情绪立场做辩护。最佳的解决方案是停止挖坑，停止讨论，私下里找机会提出并解决真正的问题。

与应对闲散一样，有必要改变风险等式。风险与恐惧一样，也是相对的。如果条件允许，要让大家知道什么都不做的风险比按照你的想法操作的风险大得多。规避风险是一种有效方法，能让大家服从你的意见。保险销售正是建立在规避风险的基础之上。政府无法说服我们纳税或者系安全带，但是不这样做风险很高，所以大家都会遵守。

"风险与恐惧一样，也是相对的。"

影响别人

1. 建立融洽关系

寻找共同点、共同爱好和共同经历。

2. 协调计划

弄清别人的世界观、需求、希望和恐惧。将你的计划融入别人的计划：不要以你的计划为中心，将它强加给别人。

3. 倾听

你听得越多，了解得就越多，别人就越轻松。聪明的问题比聪明的想法更有效。

4. 恭维

恭维再多也不为过：没有人会觉得自己职位太高、名声太大、工资太高。如果你认可别人的天赋、勤奋和人格，他们会敬畏你非常好的判断力并做出回报。

5. 循序渐进

不要一次性要求别人答应太多：不要吓到别人。请别人一点一滴逐步参与。逐步建立忠诚。

6. 建立信任和信誉

永远信守承诺。

续

> **7. 管理风险**
>
> 人们厌恶风险。消除感知到的风险和个人风险：让别人知道你值得信任，你能够信守承诺。
>
> **8. 投其所好**
>
> 找到别人想要而你能给予的东西，让他们为之奋斗：人们对于努力奋斗取得的东西，比别人拱手相送的东西更加珍惜。
>
> **9. 互惠互利：合理回报**
>
> 不要一味付出，不求回报，这样别人会产生误解。
>
> **10. 扮演角色：伙伴原则**
>
> 要作为平等的伙伴与人相处，不要恳求别人。你需要的是成人之间的对话，而不是大人与小孩的对话。

说服的过程

我曾经按照这个过程在伯明翰卖过尿布，说服过别人成立一家银行，并且让不同的组织和国家接受了无数建议。这个过程包括一系列逻辑和情感流程，目的是让别人更易赞成，更难拒绝。这种流程不是我原创的，它是在宝洁公司灌输给销售人员销售规则的基础上归纳的。

这个流程可以缩写为一个英文单词 PASSION（热情），代表的是：

P（Preparation）：准备；

A（Alignment）：结盟；

S (Situation)：情境；

S (Size the price)：估计回报；

I (Idea)：想法；

O (Overcome objections)：应对反对意见；

N (Next steps)：进入下一步。

PASSION 原则就像一连串交通信号灯，必须等到绿灯亮时才进入下一步对话，否则就容易发生事故。这个框架很简单，能让你结合自己喜欢的风格工作，它不像呼叫中心接线员的脚本一样，必须严格执行。

准备

准备过程要问一些基本问题：

- 我的想法对别人有什么好处？
- 对别人有什么风险？
- 如何让别人更容易认可？
- 别人的工作方式是什么，我如何才能与人完美相处？
- 什么时间接触别人最合适？
- 我是否准备好所有材料来支持自己的观点？
- 我对会议的组织工作是否清楚：在哪里开会，什么时候开，怎么去？

这些都是显而易见的问题，但是很少有人会问。如果团队成员来请教你如何策划一场会议来说服别人时，你提出这

第三章　情感管理技能：处理人际关系

些问题就会显得十分精明。尽管这些问题很浅显，但通常答案并不容易：很多问题都关系到别人的希望、恐惧、需求和愿望。如果你不了解这些，你就不知道要推销什么。

结盟

推销行业有条公理：在推销你的想法之前，必须推销你自己。我们只有信任别人，才会接受推销。你还要确定别人有没有兴趣听：如果别人自家后院正在起火，那他就不可能听你的想法。

如果你们已经了解对方，结盟的过程转瞬之间就能完成。在这种情况下，如果你知道以下内容，结盟就能实现：

- 会议的时间很合适。
- 会议围绕核心话题。
- 与会者找到了共同语言。

只需要问几个问题或者说几句话就能开始对话，例如：

- "感谢您抽空见我。您现在时间方便吗？"
- "您还是跟以前一样忙。"（请对方倾诉他们的问题：如果他们太忙，你就会得知。）
- "我来是想咨询你一下您对……的意见。"你已经设定了谈话的内容，不是来推销：你是来寻求建议和帮助。

如果是第一次与人见面，那么结盟需要的时间更长。你需要时间与对方找到共同语言并建立信任。为了达到这个目的，你可以寻找共同的兴趣、共同的熟人或者共同的专业背景。这种社交谈话的目的是借助共同经历、价值和观念来建立基本的信任。

情境： 就问题或机遇达成一致意见

这是大多数劝说过程成败的关键。不知道问题在哪里，你就找不到正确的解决方案。

"不知道问题在哪里，你就找不到正确的解决方案。"

与考试一样，有必要知道正确的问题是什么。人们很容易犯一个常见的错误，那就是将你的问题或机遇当成别人的问题或机遇。实际上，别人有别人的担忧。对别人来说，买狗粮可能比处理你的问题更重要。

施加影响不要从你的想法出发，而要从别人的需求出发。你可以吹嘘自己的想法多么出色、多么重要，但如果你不了解别人，那无异于对牛弹琴。因此，如果你想说服别人，就要从倾听开始，不要自顾自地表达想法。

> **明确推销什么：产品与解决方案**
>
> 历史上有很多出色的想法最终都以失败告终。英国科研人员克莱夫·辛克莱发明了一款名为 C5 的交通工具，这是一款纯电动交通工具，将给城市交通带来革命性的变化。但是大家都对这项发明嗤之以鼻，因为车子像甲虫一样，个头矮、底盘低，必须在车尾插上旗子才能引起其他车辆使用者的注意。这款车只能搭载一名乘客，

> 驾驶室完全暴露，续航里程十分有限。虽然这款车技术领先，但是无法满足消费者的需求，于是它很快就从市场上消失，投资者的资金也打了水漂。

就问题达成一致意见的目的是抓住对方的注意力，让对方正视问题：

- **理性上**：整个组织面临重大挑战，我们有数据可以证明这一点。
- **情感上**：我可以帮助你制订工作计划以应对挑战。
- **政治上**：我们必须为共同的老板解决问题。

为了表明问题的严峻性，你必须证明问题的重要性和紧迫性，而且对方在解决这个问题中可以发挥作用。

等对方对挑战的性质有了清楚的认识之后，再提出解决方案，邀请对方参与讨论：倾听并理解他们的观点。听的时候，你可以思考如何提出自己的想法，保证角度正确，避免引起对方的不快从而不再参与。

你不仅要明确问题是什么，还要弄清是谁面临这些问题。如果你是在帮助别人解决他们面临的挑战，而不是解决你的问题，那么你更有可能受到欢迎。

估计回报

在商业领域，最有说服力的生意就是经济回报高的生意。信誉度高、回报丰厚的生意别人很难拒绝：今天投入

1000英镑，明天就可以收回2000英镑。关键问题是，是否有人相信你，你的论断必须有可信度。要想做到这一点，可以将严密的分析和更具说服力的第三方检验结合起来：财务部门审核财务数据，市场部门检验客户和市场假设，运营和IT部门也要进行相关验证。邀请技术专家支持你的论断：利用他们的可信度支持你。

不是所有的收益都是财务方面的收益。非财务回报可以是定量的（例如，"我们下一年度将招聘更多优秀毕业生"），也可以是定性的（例如，"这能提高士气"）。

这时，仍然不要提你的想法和建议，等对方对问题和解决问题的好处形成共识之后，唯一的问题就是"我们应该怎么办"时，对方才做好准备接纳你的想法：即使他们不喜欢你的想法，他们也会考虑你的想法，甚至帮你找到解决问题的办法。

想法

简单阐明你的想法，简短一点。告诉大家你不需要他们做所有的事：你只是在某个关键领域需要有限的支持，然后迅速进入下一步。

如果你在第一至第四步认真倾听，你就能够从对方的角度形成你的想法，也能让对方明白你的想法对他有益。等你确信已经明白对方的需求，而且对方与你形成共识之后，再提出你的想法。

应对反对意见

如果你做好了准备,而且在讨论的过程中保持倾听对方,应对反对意见就很容易:你要知道他们真正的关心点在哪里。不要回避这些反对意见,要以此为契机让自己出彩。如果你现在说"我认为这种方法存在三个真正的问题……",而这些问题与对方息息相关,那么他们会立即与你站到一边。他们不会继续拿反对意见来挑战你,你是在邀请他们与你携手解决问题。讨论的本质彻底发生了改变,你已经从让人讨厌的推销员转变成公正可信的伙伴。

如果这时反对意见开始出现,不要一一反驳,避免陷入更加血腥的企业堑壕战。回到第三步:确保双方就问题达成共识,并就解决问题的好处达成一致意见。你需要营造解决问题的氛围,而不是制造问题的氛围。

进入下一步

多数人都没有特异功能,他们不知道你究竟想要什么,你必须问他们。他们期待你问,否则开会就没有意义。但是,很多管理者会在这里栽跟头,他们太过谦卑,不愿提及接下来怎么办。有四种方式可以提出接下来该怎么办,而且对方很难拒绝:

1. **直接式**:"你要买这种特殊部件吗?"
2. **选择式**:"你想一次性购买还是分批购买?"
3. **假设式**:"看来我们同意购买 10 万件黄色部件。"

4. 行动式："我来起草订单,然后发给大家看看。"

直接式的效果最弱,因为人们可以回答"不"。最聪明而且通常最有效的方式是选择式,你根本没有给对方拒绝订单的机会,你只给对方选择订购的方式。假设式是一种强有力的方式,因为使用这种方式说话并表达不同意见的人必须拥有权力,尤其在公开会议上更是如此。

在这个阶段,通常来说,你的准备很重要。在会议的过程中,你可能会发现 A 计划并不可行。如果你准备充分的话,应该有 B 计划甚至 C 计划,这样你就能继续下去,而不会钻进死胡同。

PASSION 原则小结

P(准备):明确你想要什么、如何才能激励别人。

A(结盟):建立信任、寻找共同语言,确定对方已经做好对话的准备。

S(情境):确保双方就问题、机遇或测试问题达成一致意见。

S(估计回报):就解决问题的好处形成一致意见。

I(想法):从别人的角度提出你的想法。

O(应对反对意见):不要驳斥反对意见,表示认同并携手解决问题。

N(进入下一步):明确下一步会发生什么,准备好 B 计划。

说服：两个秘诀

倾听原则

所有善于说服别人的人和出色的销售人员都有一个共同点：他们有两只耳朵和一张嘴。如果你也是这样，那么你离善于说服别人只有一半的距离了。善于说服别人的人和出色的销售人员不仅有两只耳朵和一张嘴，而且他们会按二比一的比例倾听和表达。说服不是推销和诉说，说服是倾听的艺术。如果你少说多听，你就能成功。

> "如果你少说多听，你就能成功。"

合伙人规则

老板和客户们习惯了扮演法官，他们喜欢对所有想法进行评判。这不是建设性的关系。一般来说，原告会提起诉讼，利用一堆幻灯片和备忘录来打动法官。法官会从这些陈述中挑出一些漏洞，显示自己的精明，最后决定支持或者反对原告。

更好的选择是将老板或客户转变成合伙人或者教练，让人看到，你是来帮他们解决问题或者把握机遇，而不仅仅是为了推动你自己的计划。要抛开幻灯片，幻灯片是初级管理和销售人员的标志。同事之间不该围绕一堆幻灯片展开对话，而应该边喝咖啡边讨论。一旦抛开幻灯片，你就能：

- 避免被幻灯片的逻辑所束缚。

- 灵活应对同事们的想法。
- 创造倾听的机会,像同事一样探讨,而不是像原告一样陈述。
- 逼迫你紧密围绕你想谈论的话题,进行逻辑和情感上的准备。
- 避免陷入有关细节和数据的争论。

不要担心数据,脑子里记住一些重要事实,你可以稍后再提供更多细节。

如果你善于倾听,你就能说服对方接受你的想法。对方的意见,有用的可以强调,无用的可以忽略。如无必要,不要进行反驳,要在适当的地方建立共识。如果你们已经达成足够的共识,就要对他们所说的内容进行总结,感谢他们提出的真知灼见。当你的想法变成了他们的想法时,你便取得了成功:没有人会反对自己的观点。

指导:远离培训

大多数体育运动中都有选手和教练。选手参加比赛,教练负责指导,但是教练很少参加比赛,运动员也很少负责指导,两者之间泾渭分明。最出色的运动员很少能成为最优秀的教练,最优秀的教练通常也不是最出色的运动员。

但在管理中,角色划分并非如此泾渭分明,因此结果非常不幸。出色的运动员（例如 IT 专家、销售员或交易员）获得晋升，他们会继续参赛。参赛能让他们获得晋升，这种取得成功的方式似乎没有必要改变。但是，只有在条件保持不变的情况下，这种方式才能奏效。晋升会改变一切，这一点我们将在第五章详细探讨。

刚刚得到提拔的选手自然想承担所有最具挑战性的任务，这种做法恰恰是错误的。教练的任务不是为团队拿下所有传球和得分，而是帮助团队传球得分，发挥每名队员的最大潜能，有效地组织团队。教练越是想成为出色的球员，球队的依赖性就越强，他们会期待教练完成所有任务。教练认为这表明球队很弱，于是更加努力地弥补团队的不足。教练越是努力，球队的表现就越差，依赖心理越强。最终，矛盾爆发导致教练被解聘，或者教练由于精疲力竭而主动放弃。

对于新晋管理者而言，最艰难的一课是学会从选手向教练转变。指导很重要，因为：

- 指导能帮助团队成员发挥才能。
- 减轻你和团队成员的负荷。
- 让你能够集中精力做该做的事，而不是四处救火。

指导就像说服一样，是倾听和提问的艺术，这也是说起来容易做起来难。当队员咨询你的建议时，你情不自禁想告诉对方答案，如果你这样做，你就又变成了运动员，队员除了对你产生依赖之外什么都没学会。从短期来看，说出答案可能很快，但是从长期来看，会让团队对你产生依赖，进而浪费你的时间和精力。如果你帮助队员自己找出问题的答案，你或许会发现，他们的答案比你最初想到的答案更加出色。至少，与你强加给他们的答案相比，他们会对自己找出的答案更加投入。

指导的模型有很多种，从本质上讲，所有模型基本遵循五步走的过程。我们将这五个步骤用下面五个"O"来概括。

- 目标（**O**bjectives）
- 概观（**O**verview）
- 选择（**O**ptions）
- 障碍（**O**bstacles）
- 结果（**O**utcomes）

在每个阶段，明确正确的问题比找到正确的答案更加重要。作为教练，你带来的是不同的视角，而不是包装精美的解决方案。你不要告诉大家该怎么做，而要帮助他们发现最适合他们的办法。老板靠说，教练靠问。大多数管理者都墨守成规："按照我的办法去做"。短期来看，这样做很有效，但是它不能帮助每名队员发挥最大的潜能。

目标

第一步是明确我们面临的问题，这与说服模型的道理是一样的。

第三章 情感管理技能：处理人际关系

你今天想关注什么？想实现什么目标？想审核什么？

概观

第二步是在形成观点或者做出判断之前收集所有事实，这就需要进行一些探索，鼓励就不同的观点展开讨论。不要受到指导对象思想视野的束缚，你要帮助他们开拓视野。

- 为何这对你很重要？
- 现状如何？
- 别人怎么看？
- 你怎么知道别人这么看？
- 潜在后果如何，是好是坏？

选择

这时你要让他们承担责任并掌控局势。到这个阶段，你可能认为你知道答案，要克制自己。他们对自己发现的解决方案比你强加给他们的解决方案更加珍惜，也就是说，他们更有可能坚定地执行。

"他们对自己发现的解决方案比你强加给他们的解决方案更加珍惜。"

鼓励他们想出多种选择。在复杂的形势下，他们能够掌控的内容可能比较有限，敦促他们去寻找可以掌控的东西。

人们对命运的掌控感越强，他们的焦虑就越少。然后，让他们对自己想出的选择进行评估：

- 你有哪些选择？
- 你可以控制或者影响什么？
- 你之前有没有看到别人面临类似情形？他们是怎么做的？
- 你如何评估各种选择的利益、风险和结果？

当他们对各种选择进行评估时，他们会自然而然地偏向一个解决方案。如果有疑问，就支持他们的方案，而不是你的方案，因为你希望他们全心投入。他们将致力于实现自己的想法。如果你将自己的方案强加给他们，他们会竭力证明你的办法不奏效。

障碍

这是实践检验的阶段。问几个简单的问题：

- 有哪些因素会阻碍你？
- 你需要哪些支持？
- 你发现哪些障碍？

如果你没有问这些问题，你就在冒险：一旦问题变得棘手，队员可能会放弃。但是，如果双方都对挑战有所预测，你就能更好地应对它们，继续前行。

第三章 情感管理技能：处理人际关系

结果

最后，确认共识。这里有一个重大的风险，那就是都很高兴和自信，但是对接下来的局势有不同的看法。不要问对方是否了解形势，因为别人含糊地回答说理解，其实并不是真的理解。确认双方达成共识的最佳方法，是问他们认为接下来应该怎么办。他们的答案应该与你期待的一样，如果不一样，你就能够尽早发现分歧，避免发生灾难。

这时，你可能已经发现指导与说服有很多共同点：

- 倾听比表达更加重要。
- 问题至少与答案同样重要。
- 回答问题之前要明确问题。

这些看起来是显而易见的道理。之所以将这些道理列在这里，是因为很少有管理者能够一以贯之。贯彻这些原则，你就能脱颖而出。

如何授权：授权什么，授权给谁，何时授权，如何授权，为何授权

1. 明确预期结果（什么）

明确整体目标和理想状态，阐明你的预期。通过询问团队成员，确定他们明确了你的要求。

2. 尽量授权所有工作（什么）

明确你如何让自己的角色发挥价值：建立并支持团队，自己承担一两项任务，其余任务应该全部授权。

续

3. 授权具有趣味性和挑战性的工作（什么）

拓展你的团队，让团队得到发展；相信他们能够成长并实现目标。不要只授权日常琐事，却将有趣味性的工作留给自己。

4. 永远不要推卸责任（什么）

你要一直对团队的结果负责；如果出现问题，你要保护团队免受责备，并且从经验中汲取教训。要将权力授予团队，支持团队。

5. 授权给合适的人（谁）

你可以授权给同事，也可以授权给上司。不要做孤胆英雄。领导是团队活动，因此要在合适的时间寻找合适的人获得合适的帮助。

6. 警惕工作过重或者逃避工作（谁）

警惕工作压力过大导致的各种迹象：易怒、生病、过失、疲劳等。做好准备撤销和转移工作负荷。将偷懒的人从团队中清理出去。

7. 明确截止期限、时间节点和报告日期（何时）

不要过度监控：过度监控是缺乏信任的表现。尝试"走开式管理"，但是要清楚成果交付日期，这样你就可以避免"意外惊喜"，并及早采取改正措施。

8. 工作方式要灵活（如何）

不要规定具体的工作方式。让团队做出决定：他们甚至有可能想出更好的解决办法。

9. 授权并支持团队（如何）

让团队为成功做好准备；确保他们拥有所需资源；不要给他们以后寻找借口的机会。确认和询问他们的需求以及他们预期的障碍。

10. 明确实现目标的意义（为何）

说明形势，让团队明白工作的重要性以及工作焦点在哪里。让他们认识到任务的重要性、意义和相关性，进而全心投入。

授权：做得更少，做得更好

很多管理者发现授权很难。通常有下面几个理由：

- 任务太重要，不能授权。
- 任务太紧急，必须亲力亲为。
- 团队还不够强大，还没有做好准备。
- 只有我具备相关技能。
- 团队已经有太多任务。
- 我不能冒险让团队将这件事情搞砸。

所有这些理由都说明你对团队缺乏信任，对自己的能力过分肯定。这些理由都会导致管理者工作负荷过重，造成团队对管理者过度依赖。只有授权和信任团队，团队才能成长。

授权与指导相辅相成，两者都能保证管理者完成核心的管理任务——通过管理他人实现目标。授权的过程很简单。

明确授权内容

不要问"我能授权什么"，因为这样问会导致授权的内容受限。要问"我不能授权什么"。在实践中，不能授权的内容很少，评估、晋升、纪律程序、资源分配和团队建设都属于你的职责。除此之外，所有工作都能授权。这样一来，你的授权内容就会增加，不仅包括日常的行政和维护工作，还包括一些拓展性和趣味性的工作。

了解你的团队

要仔细斟酌每位成员最适合哪一项工作，既要考虑团队成员的现实能力，又要通过授权提高其学习和成长的能力。如果他们已经做好60%的准备，就要相信他们。看到他们费九牛二虎之力去做对你来说轻而易举的工作，固然让你大伤脑筋，但这是让他们学习的最佳途径。一旦他们学有所成，他们将一跃成为团队中更有效率、更有价值的成员，在团队中能平衡分配工作。鉴于管理工作具有一定的模糊性，事先很难确定工作量的大小。在实践中，要分清哪些成员消极怠工，哪些成员勤奋务实、任劳任怨。

制订明确目标

向团队成员授权的时候，要从四个方面做到清晰明确：

1. 预期结果。
2. 必须完成结果的期限。
3. 制订目标背后的原因。
4. 近期目标，确保一切运转正常。

说明目标的重要性，并说明重要的背景和意义。对你来说，"为什么"可能显而易见，但是对你的团队来说，可能并非如此。如果你的团队明白你为何要提出要求，他们就能更好地对问题和挑战进行回应，而不需要回过头来问你。现在花一些时间，可以防止以后出现误会和返工，从而浪费更多时间。

对过程进行讨论

目标要执着，但是方法要灵活。

"目标要执着，但是方法要灵活。"

这就要围绕几个关键话题展开协商：

- 团队可以动用哪些资源（人力、技能、预算）？
- 团队有多大的决策权？
- 需要多久汇报一次？
- 最佳途径是什么？
- 涉及哪些其他因素？
- 管理者如何在清除障碍、处理政治问题的过程中提供帮助？

回答这些问题不可能一蹴而就。这些步骤的目的一方面是让团队为成功做好准备；另一方面，讨论会让你的团队对过程产生一种主导权。团队想到的完成任务的有效方法，甚至会超出你的想象。

这里的一个巨大陷阱就是模糊性。如果团队成员说，"我希望……我会尽力……我会调查……"，这样的承诺就十分模糊且毫无意义，接下来难免会发生误会。要明确谁负责什么，什么时间截止。不要问团队成员是否已经明白，因为即使他们不明白，也会回答说明白。要让团队成员总结一下，谁负责什么，什么时候截止。这样就可以迅速地消除误解，防止出现问题时后悔莫及。

后续跟进

管理者要授权，但不能推脱责任，你仍然要对最终结果负责。后续跟进主要包括三项内容：

1. 在必要的时候提供指导。

2. 按照任务开始时与团队商定的日程，开展正式或非正式的进度检查。

3. 能够在团队完成任务时对团队的贡献和成功表示认可。

有些管理者企图在团队取得成功时窃取团队的果实，这种行为会降低团队的士气，对管理者有害无利。如果上司发现你能建立并管理一个伟大的团队，而不是假装一个人唱独角戏完成所有的艰难工作，你在上司眼里的印象会更好。

> **授权的反面案例**
>
> 戴维是一名糟糕的管理者。他由衷地认为自己很善于授权，因为他授权的事项很多。实际上，他授权的工作都是毫无意义的，包括任何人都能胜任的日常琐事，以及一些出力不讨好的工作，要么授权的时机太晚，要么授权的事项已经无可救药，接手的人注定要遭受惨败。实际上，这种管理是在转嫁责任，他深谙此道。

第三章 情感管理技能：处理人际关系

> 这种管理者在授权时，对自己的要求闪烁其词，但是当队员未能正确领会他的意思，未能达到他的期望时，他就大发雷霆。因为他的要求很模糊，所以他总是改变主意，导致团队不停地加班，不断地返工，极具挫败感。
> 由于他从来都不信任他的团队，所以他要团队不断报告工作进展。报告进展的时间甚至超过工作的时间。信任的缺失对团队精神损害很大，耗尽了整个团队的时间。
> 如果他的管理偶然取得了成绩，戴维就一定会到处宣扬，将功劳据为己有。如果工作遭遇了挫折，他便毫不犹豫地将责任归咎于团队。最终，这变成了真实情况。所有有能力的人都另谋高就，找到了新的老板、别的部门或者其他公司。只有能力最弱的人留了下来，这反过来让他更加坚信不能相信别人以及授权工作给任何人。这就形成了一种恶性循环，直到戴维最终离开公司，这个循环才被打破。

应对冲突：从恐惧到倾听

在大多数组织中，冲突是一种常见的状态，最激烈的冲突并非发生在敌对的组织之间。对大多数管理者来说，日常冲突通常不易察觉：人力资源、IT 和运营部门的员工过分专注所在职能部门的各种挑战，根本没有精力为市场竞争担忧。真正的竞争不是来自外部，而是来自内部。大多数管理者面临的最大威胁不是敌对组织，而是坐在隔壁桌子旁的竞争对手。

在正常运营的组织内，这种冲突是健康的，是组织内决定资源和优先权的方式。管理时间、资金、资源和技能都很有限，潜在的晋升机会、红利和加薪也是有限的，每一个科室、职能部门和业务对于分配有限的资源都有不同的意见。因此，组织内部管理者之间会不可避免地出现敌对和冲突。

冲突可以在一定程度上提高生产效率，迫使管理者们有效地利用组织内的有限资源。但是，这种竞争性冲突也会造成组织功能障碍，主要表现为两种情况：冷战和热战。

冷战一般是政治斗争，属于管理的现实本质；热战则表现在情绪方面的瞬间爆发。这两种结果都很尴尬，但都威胁到管理者的生存，一旦处理不当，你在组织内部的形象就会受损。

> **发动热战**
>
> 我和同事站在学校走廊里，一群乖巧的孩子围在我们身边。这所学校位于竞争激烈的地区，教学质量十分优秀，我的同事却认为这所学校老旧过时。或许，我不该在这个时候责备他傲慢自大、目光狭隘。
>
> 同事的反应让人吃惊。他眼睛鼓胀、满脸通红、脖子上青筋暴露，唾沫横飞地大声吼叫："我这辈子还没受过这种侮辱！"他很快就吸引了众人围观。
>
> 这时，我回答说："如果是这样的话，那是因为别人在让着你。"看到他的反应，简直让人好笑，我已经不在乎他怎么想。他现在变得怒不可遏，我必须决定下一步该怎么办。

第三章　情感管理技能：处理人际关系

原则一：慎战

大约2350年前，中国军事家孙武写下了《孙子兵法》，该书的精髓就是要明确何时出战。他提出了慎战的三条原则：

1. 非利不动。公司里的大多数战争都是因为小事而起，要节省弹药，爱惜个人声誉，准备应对大规模战斗。对于小事，很容易做出取舍：在一方面做出让步，在其他方面得到补偿。

2. 非得不用。华尔街有句名言："如果你不知道谁是失败者，你就是失败者。"你最不想要的就是一场公正的战斗，你想要的是一场完全不公平的、你注定能赢的战斗。这不是要看谁最有理，而是要让你所有的盟友事先做好准备。

3. 非危不战。敌人的存在对你的事业不利。想方设法将别人纳入你的工作计划；将彼此的目标统一起来；通过中间人进行协调；就利益、时限、优先顺序或者资源与人进行磋商。记住克劳斯维茨（Claasewitz，德国军事理论家）的名言——"外交是战争的延续"。借助外交，可以兵不血刃地实现目标。

上述三条原则是开战的前提。但是，不战则已，战则必胜。伊拉克战争期间，英国军官蒂姆·柯林斯上校送部队赴前线时说："战斗时要英勇，胜利时要大度。"不仅要赢得战争，还要赢得和平。

原则二：从恐惧到倾听

人类的直觉总是会战胜理性，在面对压力和冲突的时候尤其如此。面对巨大的恐惧，人对危险的自然反应就是逃跑或者战斗。在你的组织内，逃跑和战斗都没有益处。遇到挑战就逃跑或者与CEO进行对抗，会对你的职业生涯造成灾难。我们必须想方设法控制自己的情绪。

> **决定是否参战**
>
> 等我的同事被人劝开之后，我得到机会反思开战的三条原则：
>
> 1. 开战有没有利？除了维护自尊之外，无利可图。从孩子们脸上的表情可以看出，我和同事都已经颜面扫地。
>
> 2. 我有没有把握得胜？既然我不知道为何开战，得胜就无从谈起，我根本没有明确的制胜策略。
>
> 3. 有没有其他方法实现我的目标？或许我的目标已经达到，因为他的自大和不羁已经受到挑战。
>
> 开战看似毫无意义。唯一的问题是，接下来怎么办？他的冒犯让我感到恼火，我不想与他辩驳，我想揍他。他仍然在不停地抱怨，我有时间调整一下自己……

恐惧的本能可以总结为：

- 愤怒反击
- 情绪失控
- 莫名争执
- 失去理性

第三章 情感管理技能：处理人际关系

恐惧反应与逃跑和攻击一样，毫无益处。但是，恐惧反应可能导致你被老板开除。战胜恐惧的第一步是认识到恐惧的存在，一旦你认识到恐惧的存在，你就能踏上控制恐惧的征程。在培训课上，我们询问管理者们如何应对恐惧。有些人应对个人压力的方式十分独特：

- 当"墙上的苍蝇"：观察自己，从旁观者的角度决定最佳行动方案。
- 想象一下你最崇拜的人在这种情况下会怎么做，试着模仿他。
- 将对方想象成一个从婴儿车里往外扔玩具的婴儿，你很难对一个正在发脾气的婴儿生气。
- 将对方想象成一个怪物，你很难对一个50岁的肥胖老怪物生气。
- 呼吸，缓慢地深呼吸，控制自己的身体和情绪，数十个数之后再回答。给自己留出时间思考，避免争吵进一步升级，让对方的愤怒自然平息。
- 去你喜欢去的一个地方，每个人的脑海中都有一个安全宁静的去处。想象一下这个地方，稳定情绪，继续应对。

"战胜恐惧的第一步是认识到恐惧的存在。"

所有这些技巧都能帮助你实现三个目标：

1. 重新控制自己；
2. 赢得思考时间；
3. 自动平息风暴。

愤怒的情绪很难维持两分钟以上，当然，这两分钟的时间会让人感觉无比漫长，针锋相对只能让愤怒延续下去。遇到愤怒的人不要火上浇油，他们很快就会平息下来。下面几种做法只能起到推波助澜的作用：

- 向对方发泄情绪。
- 捍卫自己的立场，非要争个谁是谁非，只能导致争吵进一步升级。
- 使用肢体语言表达自己的愤怒、不安和轻蔑。

> **终止战争**
>
> 没有什么值得争斗，最好的办法是让愤怒平息下来。因此，我扔下自己的骄傲和自尊，迈出最艰难的一步，主动向对方道歉。
>
> 但他不接受我的道歉，我感到万分屈辱，或许我真应该揍他一顿。但我保持克制，再次向他道歉，他又对我的道歉置之不理。他简直蛮不讲理，他已经完全被怒火包围。我必须保持耐心，不要为自己辩护，避免挑起进一步的争端。我简直难以克制自己，等我道歉5次之后，他终于平静下来。
>
> 接下来，要赢得和平……

赢得一个朋友比赢得一场争论好得多，赢得了朋友，自然就赢得了争论。朋友比敌人更容易讲道理，更容易做出妥协。要做到这一点，一个简单的办法就是将恐惧转变成倾听。倾听比诉说和影响更容易达成一致意见。倾听的内容包括：

- 换位思考。
- 就问题达成一致意见。
- 确定前进方向。

换位思考

有些人似乎天生就善解人意，其他人则必须学习这种技能。幸运的是，这一点学起来很容易。换位思考的能力，并非只有专业的精神病学家、神经语言程序学专家或者是读者来信专栏作者才能学会。这里有几种简单的方法，可以让你在处理同事关系时提高换位思考的能力。

- **停止说话**。让对方倾听最理性、最悦耳的声音——他们自己的声音。不要打破沉默。让他们充分发挥才智，自行填补沉默。倾听是一种出色的方式，能让敌人主动投降，能让买家主动购买，还能让恋人束手就擒。
- **积极倾听**。用不同的方式阐述对方的观点，让他看到你在倾听。不要简单重复对方的话，这样会显得做作。让他们看到，你已经明白他们的观点，并且进行了阐释。如果你的理解存在偏颇，他们会迅速纠正，双方就可以避免误解。如果你的理解正确，他们就会认为你很善于聆听他们的智慧。
- **问开放式问题**。开放式问题鼓励人们畅所欲言；封闭式问题只要求大家回答"是"或"否"，这可能会让对话陷入停滞，如果对方回答"否"，还有可能造成冲突。开放式问题通常以"什么""如何""为什么"等词语开头。对于这些问题，很难用"是"或者"否"来回答。

"倾听是一种出色的方式，能让敌人主动投降，能让买家主动购买，还能让恋人束手就擒。"

就问题达成一致意见

很多冲突是围绕工作计划和优先顺序展开的。财务关注成本控制，市场关注产生收益，两者放在一起的结果就是自说自话。如果争论的焦点是削减成本或者提高收益，那就不会出现理性的讨论。因此，双方需要在应对挑战上形成一致意见。在现实中，市场部门和财务部门都想提高组织的利润率。一旦双方就这一挑战达成一致意见，就能确定前进的方向：市场投入要给投资者带来充分的回报。尽管仍然存在大量讨论和争议，但至少双方在朝着同一个目标前进，找到了共同语言。

这是显而易见的道理，因此也经常被人忽视。将冲突的本质从非赢即输转变成双赢是一种真正的艺术。成本与收益

第三章 情感管理技能：处理人际关系

就是非赢即输的冲突，提高利润率则是双赢的。

确定前进方向

只有等到双方处理好热战的情绪问题，并且就共同的问题达成一致意见之后，才能展开理性的讨论。在实践中，这通常是讨论中最简单的部分。如果双方共同努力寻找出路，就很可能取得成功；如果大家都朝着相反的方向各自为阵，就很难取得进展。

这是建立在情绪稳定和政治稳定基础上的理性讨论。因为是理性讨论，在第二章《解决问题：枷锁、框架与工具》中已经进行过详细探讨。

到现在为止，你可能已经注意到智商、情商和政治商又再次崭露头角了。解决冲突的倾听过程将这三种核心管理技能融汇在一起：

- 情商技能：换位思考，让情绪平静下来。
- 政治商技能：就共同问题形成一致意见，协调工作计划。
- 智商技能：解决问题并确定前进方向。

关键是，要按照情商、政治商和智商的顺序实施：首先是情商技能，最后是智商技能。很多管理者从智商技能开始，结果导致无休止的逻辑争论，陷入恶性循环。首先处理人际关系，之后问题便会迎刃而解。

> **赢得和平**
>
> 等我和同事都平静下来之后，我们都发现自己的行为很不明智。我们羞愧满面，握手言和。此时，我们很快发现，双方的目标很一致，都想在最具竞争力的城市学校做出成绩。我们意识到双方都看到了很多相同的机遇，只是对具体细节还存在分歧。现在我们可以取得进步，获得双赢。对于这样一项艰巨的任务，他是最优秀的合作伙伴。
>
> 当然，真正的教训与应对冲突没有关系，真正的教训是从一开始就应该避免制造冲突。提供建设性反馈的艺术将在下一节提到。选择错误的时间和地点，针对错误的对象提供错误的反馈并不明智。

提供非正式反馈：变负面为正面

如果管理不涉及人的问题，就会变得简单得多。管理的核心思想就是通过管理他人实现目标。我们需要发挥团队和同事的最大潜能，这就要求我们在提供支持和鼓励（正面反馈）与提高业绩（建设性反馈）之间寻求完美的平衡。如果说这是理论状态的话，在实践中，很多团队成员和管理者要么没有提供反馈（而不是正面反馈），要么提供的是负面反馈（而不是建设性反馈）。

如果不考虑其他因素，我们有必要将现实和理想的状态记在心里：

现实	理想
无反馈	正面反馈
负面反馈	建设性反馈

原则一：提供正面反馈

正面反馈并不等于待人和蔼。正面反馈具有积极意义，原因在于它能：

- 鼓励正确行为。
- 帮助反馈接受者树立信心。
- 就业绩开展融洽的对话，让指导变得更加容易。
- 提高个体和团队的士气。

提供正面反馈的方式也有好坏之分。一般来说，其原则与提供有效的、建设性反馈的原则一样，将在下文中阐明。

原则二：让建设性反馈具有建设性

建设性反馈是改变他人观点和行为的艺术，在这方面有一些成功和失败的经验和方法。提供建设性反馈的四个基本步骤如下：

1. 找到适当的时间和适当的场合。
2. 反馈要具体，不要笼统，要对事不对人。
3. 要留给对方反应时间。

4. 解决问题并进入下一步行动。

找到适当的时间和适当的场合

建设性反馈要求对方改变观点或者行为，这就不可避免要对当前的行为进行批评。人们不喜欢受到批评，尤其不喜欢在公共场合受到批评。

反馈要在私下进行，不要在公开场合进行。不要强迫别人在公开场合为自己辩护，或者公开斥责他们，这样会引起负面反应。

正面反馈的力量

约翰·廷普森拥有多家以他的名字命名的修鞋连锁店。他给自己定下这样一个目标：每给出一条负面反馈，就要给出十条正面反馈。这种反馈模式产生了强大的效果，它突出和强化了他所倡导的这种行为和价值观。通过表扬可以设定规范，悄无声息地制止不当行为。一个鞋店工人归还了客户遗失的钱，他对此提出表扬，借机树立了自己的标准，让员工明白：这家公司倡导诚实守信、公平交易。这种传达信息的方式比制定规章制度来惩罚错误行为更加有效。表扬有助于建立一种认同文化，而规章制度建立的是一种服从文化。

要在事件发生之后、员工记忆仍然深刻的时候尽快给予反馈，不要选择员工仍然处于焦虑、愤怒状态的时候。先让他们平静下来，向他们保证，你不会把他们怎么样。然后，他们可能会从情绪激动的状态转变到理性的状态。

正面反馈的不同之处在于，它通常是在公开场合进行的。人们渴望得到公开的认可，这样能向团队其他人传递一个信号，让他们知道，在你眼里哪些行为对团队的成功至关重要。

反馈要具体，不要笼统，对事不对人

批评别人不专业本身就是一种不专业的行为，这种批评太笼统，是一种人身攻击。这种批评会招致反抗，而不会改变对方的行为。遇到问题时，先问一下你自己为何会做出这种判断，然后关注导致你做出这种判断的具体行为。例如"我注意到你已经连续4天上班迟到"，这是对员工行为的事实性描述。如果他们对此没有异议，你就可以进入下一步。

同样的原则也适用于正面反馈。告诉别人"我觉得你很棒"并没有多大意义，这么说不具有操作性，甚至听起来缺乏诚意。告诉别人"你那个关于客户服务的想法很有创造性，而且很奏效"就比较具体。

语言表述在这里显得很重要，"从来没有""总是""所有人"等词眼一般都不具体，因此可能会惹怒别人。

要留给对方反应时间

给对方留下反应的机会。具体有以下几种方式：

- **闭嘴**。不要一个人说个不停，要留给对方反应的空间。
- 问开放式问题或是请对方做出回应。"你向来不迟到，不知道为什么突然会这样。"

- **思考一下这对你个人有何影响。**"我觉得这让我的生活变得艰难，因为……"如果前两种方式不起作用，就可以用这种思考来促使对方回应。

这时，你可能会发现对方出现了家庭危机，或者他们加班到深夜，或者是其他原因，你们可以一起解决。你将对方视作合作伙伴，解决双方共同的问题，而不是以老板的身份自居，像父母责备孩子一样责备团队成员。你想构建一种成人之间的对话，而不是父母对孩子的斥责。

不要进入下一步，除非你们能：

- 就问题或者问题的表象（例如迟到）达成一致意见。
- 同意问题需要解决，问题很重要、很关键。
- 就问题的原因达成一致意见。

如果你们没有在这些方面达成一致意见，你会发现讨论将陷入从表象到原因、到事实、到解决方案、再到责任主体的往复循环。

在这段时间内，让对方思考一下事情发生的原因。只说"我再也不想看到你迟到"这样的话于事无补，你可能在应对问题的表象（迟到）而非原因（家庭危机、夜晚加班和工作幻想破灭）。用除斑剂消除孩子脸上的天花并不会收到理想的效果，治标必须治本。

解决问题并进入下一步行动

这里的技巧是让他们自己找到解决方案，这样他们会对自己提出的方案更加投入。如果你的准备工作做得到位的话，就能进入指导模式，而不是反馈模式。按照本章《指导：远离培训》中列出的原则进行。

"优秀的指导关键在于问题，而不是答案。"

优秀的指导关键在于问题，而不是答案，要让员工自己找出答案。与你强加给他们的答案相比，他们对自己找出的答案会更加投入，他们找出的答案可能比你想到的答案更加出色。这值得一试。

> **建设性反馈：问题而非答案**
>
> 我准备好了接受合作伙伴的严厉批评，因为我没能完成一个项目的任务。对于这一点，我和他都心知肚明，但是客户还被蒙在鼓里。我走进他的办公室，胆战心惊地关上门，感觉像是放学后被校长留校的学生，我可不想见校长。
>
> 这时，他的反应让我十分惊讶。他说："你是我们很有潜力的合伙人。可能是最棒的合伙人之一。"他解释了他得出这个结论的具体原因。然后，他笑着问道："你觉得上个项目做得怎么样？"
>
> 我坦白交代，说项目做得很糟糕，并且解释了背后的原因。于是他问我打算怎么处理，我知道我想做什么。我们讨论了各种想法，并商定了一个方案。他问我是否需要帮助，我们约定几个星期之后见面，看看事情进展如何。
>
> 我进办公室的时候感觉很糟糕，但是现在我感觉很好。我知道

> 该怎么做了，我得到了老板的支持。
>
> 　　离开之后，我意识到他没有责备我，也没有提供任何解决方案。他只是问了几个问题，我替他做了这些事情。因此，问题和解决方案都属于我。离开办公室时，我下定决心采取行动，而不是对批评心怀怨愤。

有效利用时间：行动与成绩

时间是我们最宝贵的资源，每个人的时间都很有限，最终都会用尽。事业也好，生命也罢，它们都有有效期限。要想充分利用这个有限资源，只有三种方法：

- **授权别人**：交给别人去做，从而节约时间干别的事。
- **提高效率**：采取合适的做事方式。
- **注重实效**：做该做的事。

有关授权的内容在本章"授权：做得更少，做得更好"这一部分已经做了阐述。如果你不懂授权，那么时间很快就会耗尽，你就达不到管理学的基本要求——通过管理他人实现目标。适当授权，你才能提高效率和成效。

时间效率

现代世界过于注重时间效率，无论做什么，都希望越快越好，甚至多项工作同时进行。我们迫切希望在有限的时间里完成大量工作。但是这里面有个悖论，我们越使用各种省时省力的设备，压力就越大，就越感到时间紧迫。科技带来的不是解放，而是束缚。

"科技带来的不是解放，而是束缚。"

解决这个时间悖论有个简单的办法。省时省力的设备永远不会节约时间，相反只会提高工作要求。

科技可能会节约时间，但是为谁节约时间呢？它节约的是雇主的时间，而不是员工的时间，因为员工必须通过提高生产力来保持竞争优势。科技将员工置于"跑步机"上，为了保持在原地不动，他们必须加快速度奔跑。我们跑得越快，竞争对手就跑得更快。尽管我们全力以赴，但是相对于竞争对手来说，我们只是在原地踏步。工作要求提高了，员工也为此付出了代价。

科技与时间的悖论

科技并不会节约时间，相反，它只会提高期望值。

做展示

以前：做展示是个既费时又费钱的噩梦，需要美工部门和绘图部门有关人员准备幻灯片。因此，每一次展示都很简短。

现在：有了 PowerPoint 软件，管理人员无需花费时间和金钱向美工部门和绘图部门的有关人员求助，就能准备 200 页花里胡哨的幻灯片。

结果：管理人员将时间浪费在 PowerPoint 上，展示的内容又臭

续

又长。PowerPoint 提高了人们的期望值，管理人员都唯恐落后。这里并没有节约劳动力，反而提高了工作标准。

交通

以前：坐船从英格兰到罗马帝国，或者从罗马到朱迪亚地区，需要几个星期，成本十分高昂。因此，人们出行时总会考虑能否取得成果。而且，他们必须授权。因为到了罗马或者伦敦，他们没时间请示如何处理当地的骚乱。当地基层指挥官必须接受训练，自行做出重大决策，而不是召开全球会议寻求大家的帮助以避免犯错。

现在：管理人员一天之内就能往返大西洋两岸，这种繁忙似乎成了一种荣誉。这种迹象也表明当地人员没有得到授权自行处理事情。

结果：因为出行更方便，我们就频繁地出行。但是我们的压力更大，不停地倒时差，航行里程更远。

通信

以前：信件都是手写或者打印（上面有很多改动），因此信件数量比较少，但是每封信都很重要，都需要格外注意。回信很慢但是很重要，往往经过深思熟虑。

现在：有了电子邮件和智能手机，我们每天 24 小时、每周 7 天，甚至包括假期在内，随时可以保持沟通，但发送的消息都是些无关紧要的内容。

结果：电子邮件和智能手机增加了工作时间和工作压力。信息泛滥导致信息变得毫无意义。

如果科技不能节约时间,我们就需要寻找更加传统的方法,提高个人效率。

一次性做好每件事情

返工非常浪费时间,可能会让完成任务的时间加倍。返工比重做更困难,这意味着首先要找到哪里出了问题,与起初接手工作的人沟通,并重新建立个人信誉和权威。放慢脚步,一次性把事情做好,反而更快。

"放慢脚步,一次性把事情做好,反而更快。"

放慢脚步,就是在工作初期要详细规划,在工作启动前与相关人员进行协商,明确他们的期望,定期检查进度,避免出现误解。就像缓慢前进的乌龟一样,它能超越在原地打转的兔子。

一次性完成每次沟通

做事情半途而废与工作犯错的结果一样,两者都会导致返工。在处理电话和信件方面,未接电话和未回复邮件只会增加相关人员的心理负担,对人造成干扰。对于大多数电话和信件,有四种应对方式——实施,授权,推迟或者丢弃。按照先后顺序,应该是:

- **丢弃**。将它扔到第一个文件夹——垃圾箱中。不要浪费时间——回复垃圾邮件——有些同事什么邮件都喜欢抄送给大家,垃圾箱是繁忙的管理人员最好的朋友。

- **授权**。将信件返回给发信人，或者推送给别人，交给其他人去做，但是要让对方明白为什么交给他做，该怎么做。
- **实施**。大多数邮件和电话都可以第一时间处理（"好，我会把报告发给你"，或者"不行，我不能参会"）。可以遵循"三分钟原则"——如果你能在三分钟之内处理完毕，就马上动手解决掉。
- **推迟**。如果需要做更多工作，你要明确工作内容和截止期限，理清工作的优先级别（时间效益将在下文探讨）。既然推迟工作只会增加你的工作负担，在这四种方式中，一般不推荐推迟处理。

有些未能及时处理的邮件可能包含一些有用的信息，应该将它们标记、归档，然后继续做别的事。

马上行动： 避免拖延

拖延的典型症状就是做些替代活动。本该完成工作，却去上网、喝咖啡、聊天或者做些没意义的事情。拖延的原因主要有以下几种：

- **时间不对**。一天之中，我们的精力是起伏变化的。精力欠佳的时段，应该做些简单的工作。精力旺盛，或者不容易受别的人或别的事打扰的时候，就去处理更难的工作。

- **工作太难或者分工不明**。拖延的往往是最艰难的工作。将艰巨的任务进行分解,这样不至于一想到工作就让人望而却步。与处理艰巨的问题相比,处理一连串简单任务,不断看到进展,会让人更有动力。这就像爬山一样,小步往上爬比大步往上爬更容易。
- **完美主义**。等待完美的条件或者完美的结果,与《等待戈多》(塞缪尔·贝克特的戏剧)一样,只能徒劳无功。追求完美,会导致目标很难实现。要找到一个可以接受的起点和终点,关键是采取行动,做能做的事,而不是一味操心自己能力的局限。如果你总是操心自己不能做什么,不能掌控什么,那你就会陷入焦虑,一事无成。
- **疑惑**。目标不明确,方法不清楚,都可能导致我们变成"车前灯里的兔子"——你会寸步难行。向上司寻求帮助和指导,在截止日期到来之前从"车前灯里"走出来。
- **混乱**。混乱有两种形式。第一种是现实的混乱,桌上的文件杂乱无章。你得找到你喜欢的工作环境,但是混乱肯定不会带来效率。第二种形式的混乱指的是工作重点不清,分不清轻重缓急,这又会导致我们变成"车前灯里的兔子"。

时间效益

高效的管理者随处可见。在机场,可以看到他们一边打电话,一边在笔记本上处理邮件。在街上,你可以撞见他们在操作智能手机。当然,如此忙碌的背后,有没有效益是另一回事。许多管理人员都错误地将行动和成绩混为一谈,到了年底分红和晋升的时候,起决定作用的是成绩而不是行动。

"时间效益就是做该做的事。"

时间效率指的是用适当的方式做事,是做正确的事。用百分之百正确的方式做错误的事,仍然是百分之百地浪费时间。管理的真正挑战就在于做正确的事,包含三个方面的内容:

- 明确目标。
- 关注重点。
- 处理急事。

行动还是成绩

19世纪,皇家海军允许富人和有关系的平民搭乘军舰。一位绅士想方设法上了海军环游世界的军舰。这次旅行花了3年时间,大部分时间他都是在陆地上走亲访友、打猎、吃饭、做些很时髦的业余科学观察。按照现在的观点来看,他完全是在浪费时间。

回到英国之后,情况并没有多少改变。除了闲逛之外,他没做什么。20年之后,朋友劝他把旅行和研究的结果发表出来。

> 结果,《物种起源》就这样诞生了。这部著作引起了科学思维乃至人类对自身认识的变革。
>
> 查尔斯·达尔文并没有无所事事,他收集了加拉帕戈斯群岛的各种雀类,并研究了这些雀鸟鸟喙的细微差别。回到英国之后,他继续思考这个问题。他是一名地质学家,总是按照地质学家的思维方式思考:在数百万年的时间里,沧海才能变成沧田。按照这种时间跨度,他可以模拟并想象出动物如何适应环境并做出改变。地质学是《物种起源》的源泉。
>
> 按照现在的标准来看,达尔文无所事事,但实际上他十分专注。他所取得的成就,远远超过那些每天24小时、每周7天不断忙碌的管理人员。由此可见,行动与成绩是完全不同的概念。

明确目标

不是所有人都有机会改变其中一门科学。但是,如果我们想获得时间效益,就应该明确目标。答案并不简单,但是我们可以问些简单的问题。

"答案并不简单,但是我们可以问些简单的问题。"

如果你压力很大,这些问题一定会让你更加恼火。在工作之余、心平气和的时候,你也可以思考这些问题。

- 退休之后,我要告诉子孙后代我做了些什么?
- 10年或者20年之后,回忆起今年,我做了什么?
- 我今年的目标是什么?能不能细化到这个季度、这个月、这个星期、今天、这个小时、此时此刻?
- 我的行动与上述三个问题的答案是否一致?
- 我如何创造或者找到相应的环境,才能实现我在前三个问题中想要实现的目标?

下面是一些20年之后你不会记得的事情:

- 你发了多少封邮件,打了多少通电话,参加了多少次会议。
- 你的年终奖金或者加薪。
- 你是否完成了公司的业绩目标。
- 你在办公室或者路上花费的时间。

在日复一日、年复一年的工作中,这些事情恰恰是最浪费时间的事情。问题的关键在于,这些事本身并不是目的,它们只是达到目的的手段。收发邮件、参加会议、打电话都是重要的活动,但是只有当这些活动能帮你实现有价值的目标,包括职业目标和个人目标,时间才有意义。甚至可以说,实现年度销售目标本身就不是目标,这只是实现其他职业目标或者个人目标的手段。从个人角度讲,它能让你有钱付账单,满足你的一些欲望。从职业上讲,实现销售目标只是一个踏脚石,让你得到你想要的工作,或者建立你想要建立的组织。

明确目标听起来很简单,实则不然。用乔治·奥威尔(George Orwell)的话说:"眼皮底下的东西最难分辨。"许多管理人员看不清眼皮底下的工作,一些迫在眉睫的挑战让他们看不清其他机会。与紧盯上述目标相比，有时一些不相干的举动却能积累经验、培养技能、建立联系，提供更好的实现长期目标的手段。但是向两边看的勇气正是源于你清楚自己的目标是什么。

关注重点

管理者每天总是要面对各种紧急事项。如果我们不处理日常的邮件和电话，它们似乎会将我们湮没，但是这些纷繁芜杂的工作可能会把重要的事情挤到一边。短期工作的重要性总是凌驾于长期工作之上，这样下去就会造成问题，总有一天长期工作会变成短期工作，本来能够轻松解决的工作突然变成了危机。

对此，有三种简单的解决方法，在某些情况下可以适用：

1. **优先处理重要并且紧急的工作**。并非所有的重要工作都是紧急的。等到65岁发现养老金很重要且很紧急就为时过晚。25岁时，养老金很重要，但并不紧急，因此很容易被忽视，那就欢迎你加入贫困的老年时光。

2. **安排时间处理重要事务，避免受到紧急事件干扰**。时间管理专家一般喜欢这种解决方案，但这脱离了管理工作实际：对管理者来说，根本不可能排除外部干扰。

3. **推迟处理不重要的工作**。问题是，**不重要的事情也会发生**。如果你要制造一台电脑，那么，订购高价值的处理器就成为重中之重。订购低价值的泡沫塑料包装看起来就没那么重要——但是运输电脑又必不可少。因此，不重要并不是说没必要，不重要也必须完成。

许多重要的议题，既复杂又耗时。一般情况下，不可能完全关起门来，花一两个小时集中处理，而不去理会一些紧急事项。比较现实的解决办法是按照上面的框架，将重大事件分解成小任务。

即使腾不出一两个小时处理重要事项，你也可以花几分钟时间找人谈谈，核实情况，听听意见。对于重要而且艰难的工作，一定要三思而后行。从预期结果逆向思维，明确实现目标的关键路径，这样，你就能尽早着手，避免以后出现危机，浪费时间。尽早进行分析，尽早发现解决办法；尽早听取建议、争取指导和支持；尽早做些试验。所有这些都能帮助我们开展后续工作并节约时间。而且，一旦出现变故，也不至于因为时间紧迫而演变成危机。你就能够游刃有余，从容不迫。

> **时间管理和"饼干罐理论"**
>
> 我们可以试试这个实验。找一个大饼干罐，装满大石头。
>
> 真装满了吗？再找些小鹅卵石装进去，装到没有缝隙为止。
>
> 真装满了吗？试着倒些沙子进去，装到没有缝隙为止。
>
> 真装满了吗？倒些水进去，直到水面到达罐口，这时，罐子才真的装满了。
>
> 想想你一天的工作。大石头就好比你每天要完成的重要工作，可以先做这类工作；鹅卵石是你要处理的次要事情；沙子和水是那些琐碎的工作，这些工作令人烦心，但又不得不做，例如回复邮件，你可以放在工作间隙中进行。

第三章 情感管理技能：处理人际关系

零碎时间是处理邮件和电话的最佳时机，这些事情如果处理不好，势必会影响重要事项。"饼干罐理论"简单易行，能让你处理重要事项，而不是疲于应付迫在眉睫的日常琐事。饼干罐很容易被沙子和水装满，就像你可以很容易被日常琐事填满。因此，不要因小失大。

时间管理，就是要遵循一些简单实用、显而易见甚至枯燥乏味的规律。

列出你的长期（5年以上）目标，最多列出3个，只列1个最好。然后从长远分析如何实现目标，目前的形势对于实现这个目标是否有利。为了避免半途而废，这些目标必须牢记于心。列出你今年的目标清单。好的清单应该具有以下特征：

- 必须简明：可能包括3个职业目标和3个个人目标。
- 职业目标必须尽可能符合上司的期待，如果可能，可以与上司协商制订。
- 个人目标应该与职业目标挂钩，或许你想学习某些技能或者想拓展自己的工作。
- 目标不限于金钱或者数字，也可以与技能、人、生活和家庭事务有关。
- 用20年法则来检验你的年度目标——如果我完成了目标，20年后我会记得这个目标吗？如果这一年你什么都不记得，你的人生就浪费了一年。

列出每月和每周目标。每周日晚上快速列出每周目标，其目标可以：

- 如前文所述，区分重要事项和紧急事项。
- 支撑每月和年度目标。
- 将重要事项分解成小块，在一周的工作日内分块完成。

列出明天要做的事，尽力将一天分成三大块：

- **既定时间**。例如，必须要参加的会议。提前检查一下既定时间，看如何利用这些时间处理重要日程。正式会议可能作用不大，但正式会议期间，你可能有机会见到很难见到的同事。
- **紧急事项**。这块时间能保证重要事项不被遗漏，也不会演变成危机事件。预留一块时间专门处理这类事项。通常，一天之中做第一件事时，人的精力最充沛，速度也最快。
- **重要事项**。未雨绸缪，对于周期长的事项，要抢占先机。不要贪多，先看目前能做什么，不看目前做不了什么。不求完美，只求进展。如果你想一杆进洞，那就纯粹是浪费时间。即使你现在距离球洞有450码远，你也要拿上球杆，一杆一杆地打。虽然你的杆数增加了，但是你可能比那些尝试一杆进洞的人要快。

第三章　情感管理技能：处理人际关系

"一旦定好目标，就要付诸实施。"

对于时间管理，还有一条建议：一旦定好目标，就要付诸实施。

处理紧急事项

紧急事项可能并不重要，但很令人恼火。如果突然接到上级指示，将一份标准报告按照客户要求紧急重做一遍，谁都会感到恼火，因为这几乎不可能。但在管理工作中，如果紧急事项得不到及时处理，很可能酿成危机。在前面的时间效率部分，我们已经讨论过如何处理紧急事项，其主要原则如下：

- 第一次就把工作做好。
- 一次性做好每件事。趁着能做的时候完成任务。你可以自己做，可以授权给他人，也可以干脆弃之不理。（挑战一下，看看是否确实需要对迫在眉睫的定制分析进行充分定制：或许所需的只是一条关键信息。）
- 马上行动，避免拖延。

注意你的思维：管理者的思维方式

个人情商不仅要看你做了什么事，而且要看你是什么样的人。情商没有脚本可循，你也不能对照清单一一提升。不能停留在模仿情商的表面，而是需要发现情商的根源。

行动取决于思维，要想改变自己的行为，就得改变自己的思维。这听起来有点吓人，像是需要花大把时间和金钱去看精神科医生。如果有条件，你倒是可以试试，但是没必要这么做。你只需要做好你自己，做最好的自己。这样一来，前途自然更加光明——加强自己的优点，改善自己的缺点（包括很小的缺点）。

在过去6年里，我主持了一些研究，这些研究结果表明，优秀的管理者都有着相似的思维方式。针对不同的行业、不同的地域，研究结果都很一致。以下是管理者的七种思维方式：

1. **志存高远**：做到最好，不断超越。
2. **勇气**：敢于面对困难，走出舒适区。
3. **承受力**：拥抱逆境。
4. **负责**：保持主动，拒绝被动。
5. **积极**：相信未来会更好。
6. **协作**：通过他人完成工作。
7. **学习**：不断寻求职业和个人成长。

看到这份清单，你可能会觉得这些思维你都有。一帆风顺的时候，这些我们都能做到。优秀管理者的过人之处在于，他们既能持之以恒，还能将各种素质发挥到极致。

这些研究带来很多积极的发现：

- 任何人都可以学习这些思维方式并获得提高。
- 思维能对技能产生乘数效应：具备了正确的思维方式，你就能更好地运用其他情商技能。
- 由于思维方式是内隐的，所以与竞争对手相比，你能拥有无形的竞争优势，让对手无从知晓，更无从模仿。
- 你不必掌握全部的思维方式，也不必在某一方面做到尽善尽美。你只要在一两个方面有所改进，就能收获很大的变化。就像从事体育运动或音乐工作一样，稍加练习就能有很大的长进。

这一节将简要考察各种思维方式的内涵，以及如何培养思维方式。

志存高远：做到最好，不断超越

普通管理者既实际又专注。你通常会：

- 改善业绩。
- 处理此时此地的工作。
- 聚焦力所能及的事情。

这么做无可厚非，但是优秀管理者的思维方式不同，下表展示出了两者的差异：

普通管理者的思维方式	优秀管理者的思维方式
改善业绩	寻求改变、敢于创新
处理此时此地的工作	关注于创造精彩的未来：从结果着手
聚焦力所能及的事情	聚焦达成目标必须完成的事

两者的主要差异在于，优秀管理者的着眼点不一样。他们不仅关注显而易见和实实在在的事情，因为这是一种立足当下的思维，他们还会从未来的美好愿景出发，从想实现的目标出发，进行逆向思维。不要被眼前的出发点限制，要关注你想实现的目标，然后，寻找实现目标的路径。这里有个流传已久的故事，说一个爱尔兰旅行者打听怎么去都柏林，别人告诉他，"如果我想去都柏林，我可不会从这里出发"。所以不要被现在所处的位置所限制。

"不要被眼前的出发点限制，要关注你想实现的目标。"

勇气：敢于面对困难，走出舒适区

光有美好的梦想还不够，还要勇于付诸行动，否则再好的梦想也只能是泡影。当然，你不需要像以前的国王一样，必须有带兵打仗的勇气，你需要的是另一种勇气。领导者所谓的勇气是指：

- 就期望和业绩开展艰难的谈话。

第三章　情感管理技能：处理人际关系

- 就成本和团队做出艰难的决定。
- 在危机中挺身而出，而不是全身而退。
- 对挫折承担责任。
- 挑战现状，而不是安于现状。

简单的路线阻力自然最小，但是走简单的路线，你永远也爬不到山顶。你只能在管理学的山脚下漫步。提升勇气并不是让你去冒巨大的风险，而是通过不断将自己推离舒适区，逐渐提高风险承受能力和风险意识。随着舒适区越来越小，你能承担的风险也越来越大。最终，对于别人来说需要很大勇气的事，你却能轻松胜任。冒险将成为你的本性。

承受力：拥抱逆境

勇气就是承担风险。不是每次冒险都会成功，顾名思义，冒险有时会给你带来危险。如果你从没失败过，说明你从来没有冒足够的风险。学会应对挫折对于成功十分必要，长远来看，失败与成功之间的差别就在于永不放弃。

你要培养两种承受力：短期承受力和长期承受力。

短期承受力就是走出挫折的能力。优秀的管理者根本不在意失败这两个字，他们会承认偶尔出现的失利，也就是说，他们会承认暂时尚未取得成功。要记住这句口头禅，"我只是暂时还没有成功"。这样你就能正确应对短期挫折：

- 关注未来。

- 付诸行动。
- 将每一次挫折都视作学习的机会,提升实力。

长期承受力指的是在40~50年的职业生涯中一直保持活力和热情。一般来说,要具备两个条件:

- **喜欢你做的工作**。只有喜欢才能做好。喜欢并不是说好玩,喜欢就是沉迷其中,忘乎所以。如果你工作的时候感觉度日如年,那你肯定谈不上喜欢。只有你喜欢工作,你才能不断突破、实现目标。
- **制订有意义的愿景或目标**。历史上很多圣徒和殉道者向我们展示了他们对自己的追求多么义无反顾,如果你的目标只是完成下一年度的关键绩效指标,你就不大可能像圣徒那样执着。你的愿景越大,决心就越大。

负责:保持主动,拒绝被动

负责是管理者必备的品质,但是优秀的管理者对责任的理解与普通管理者有很大的差异。两者的差异主要体现在三个方面,即对于成功、失败和心情的态度。

- **成功**。管理者都愿意将成功归功于自己。你想得到荣誉,成功的时候你就会争取荣誉。但是优秀的管理者会做出令人意想不到的举动,他们不会将荣誉据为己有，而是慷慨地分享荣誉。他们会确保所有人的努力都得到承认。这么做有两个好处：第一，有利于建立忠诚的团队和人际网络，人性是相通的，你慷慨对待他人，别人也会慷慨对待你；第二，通过赞扬他人，你自己也站到了成功舞台的中央，你不仅不会失去荣誉，反而会赢得更大的荣誉。

- **失败**。在职场当中，没人喜欢戴"高帽子"。因此，当你站出来承担责任时，整个组织都会感到如释重负。这样一来，组织成员就不会相互指责，而是关注如何改善问题，这样你就能化灾难为胜利。到了评估的时候，大多数上司会觉得你做得很棒。即使你犯了错误，上司对待认识到错误的人也比那些拒绝承认错误的人更和善。认识到问题，你就能向上司证明，你能从问题中汲取教训，做出改进。
- **心情**。对自己的心情负责，是管理者最难做到的一点。想象一下，你在办公室忙碌了一天，这时一位同事过来把你惹恼了，他们真是会挑时候。你完全有理由发脾气。但是，没有哪条法律说你必须发脾气，你可以对自己的心情和反应做出选择。作为管理者，同事们不会记住你做过什么，但会记住你是什么样的人，你的表现怎么样。一旦你明白这一点，你就能做出适当的选择。一定要慎重选择。

积极：相信未来会更好

心态积极并不像培训课上学到的那样，经常对自己说要"开心度过每一天"。心态积极源自心灵。积极心理学研究表明，心态积极的人，寿命和生活质量要高得多。

"心态积极的人，寿命和生活质量要高得多。"

研究还表明，积极的销售人员业绩几乎会翻倍。对管理者来说，要想心态积极，只需做好几个方面的日常工作：

- 关注未来，而非过去。也就是说，看重行动，而不是分析。
- 关注你能做的事，而非你不能做的事。不要担心你无法掌控的东西。
- 多赞扬，少批评。
- 看重机会，而不是问题。面对新的想法，看到积极的一面，而不是一味关注消极的方面。最出色的想法一般也会蕴藏最大的问题，在你认识到一个想法的优点之前不要扼杀它。

有一个简单却又危险的练习方法：你可以回忆一下今天遇到的所有问题，例如错过交通灯，或者遇到令人恼火的邮件，这样你很快就会感觉今天很郁闷。这时，再回忆一下今天发生的所有令人愉快的事情，例如，早上醒来就有干净的冷热水供应，这样你就会感觉心旷神怡。我们可以选择如何看待这个世界，看待世界的方式会影响我们的心情，一切都在你自己的选择之中。

你可以训练自己积极地思考。有位积极热情的管理者有个怪癖——别人手上戴着手镯，她手上戴着橡胶圈，她总是走到哪里就戴到哪里。别人问她为什么，她回答说："每当我有消极的想法，想批评别人，或者想说些无法实现的话时，我就会使劲拉橡胶圈，它提醒我，我可以换一种思维方式，我可以积极地看待问题。一开始戴上橡胶圈，不到一个小时我的手腕就被自己拉疼了。现在我已经意识到，消极地面对问题纯属浪费时间，我处理事情的方式发生了改变，别人对我也越来越好。"

纵火案的积极面

校长回想起她任职第一年发生的事。刚上任时，她发现学校里学生的母语多达68种，很多学生是第一代移民，伴随着家庭贫困、适应环境和缺乏就业等方面的问题。

"当然啦，"她说，"这是个好消息。学生构成如此多元，令人十分激动。"

"第一代移民具有强烈的求知欲，他们想在新的社区中表现自己，这些学生教起来十分省心。"

"但是，当学校教学楼一侧裙楼被纵火焚毁后，我们遇到了挑战。祸兮福之所倚。这起纵火案发生后，保险赔付的钱正好用于重建校园，毕竟这一侧教学楼已经十分陈旧。"

很多人会选择逃离如此具有挑战性的学校，别人看到的是问题，

> 她却看到了机遇。她的自信不仅传递给教师和学生，而且体现在她的业绩和外表上。面对教学楼被纵火焚毁，她却表现得如此积极。我甚至禁不住怀疑，谁是真正的纵火者。

协作：通过他人完成工作

管理者应当实现从"怎么做"向"谁来做"的重要转变。

团队成员遇到任务时必须要问"怎么做"，作为管理者，你必须通过管理他人实现目标，因此，你不应该问"怎么做"，而应该问"谁来做"。

随着指挥和控制的世界日渐式微，协作的重要性日益凸显。协作并不是告诉别人做什么，而是要利用自己的影响力，说服并不受你控制的人与你一道工作，帮助你完成目标。对于影响和说服的艺术，已经在本章前面"说服：如何推销"这一部分详细阐述过。

协作思维的主要内容包括：

- 从"怎么做"向"谁来做"转变。
- 影响和说服，而不是指挥和控制。
- 通过建立信任来建立影响：寻找共同的兴趣，说到做到，建立信誉。
- 互相迁就，在别人需要的时候提供支持。
- 聆听、尊重，积极赞扬。

协作思维很难培养。对于现实，每个人都有自己的想法，这种想法告诉我们什么是重要的，什么是我们必须做的。协作思维认为，对于现实有很多种不同的想法，没有哪一种是完美的。你必须理解并尊重别人的现实，只有理解才能影响、说服并改变别人的思维。理解并不等于同意别人的看法，而是要为有效地影响别人和协作打下基础。

学习：不断寻求职业和个人成长

"职业是马拉松，而不是短跑。"

你所做的工作和需要的技能会彻底改变你 40 年的职业生涯。回首过去的黄金岁月，你对音乐或者电影的品味可能很好，但是技能可能一团糟。你的工作稳定与否并不取决于雇主，在技术日新月异、全球化和竞争日益加剧的世界里，雇主和员工之间的忠诚是一条单行道。你必须百分之百地对雇主忠诚，但是当雇主不再需要你的时候，忠诚便会失去意义。你的工作稳定取决于工作技能和强大的人际网络，这种人际网络可以引领你找到新的机会。

你必须保证技能领先。在组织内的不同层级，你需要的技能也相应变化，具体内容将在第五章阐述。在不同的工作岗位依靠相同的技能显然不行，你必须学习和成长。

学习技能的方式不仅包括培训。大多数培训只提供知识型的技能，这些技能固然重要，但它们只是一种商品。会计、法律和 IT 都是很好的技能，但是国外可能有很多人能以更低的价格提供相同的技能。区分优秀管理者与普通人的技能是管理型技能，这些技能教会你如何与人相处，如何实现目标，如何管理你的上司，以及应该冒多大风险。对于这种技能，并不存在操作手册，你必须自己去发现生存和成功的法则。这些法则也会随着工作环境的变化而变化。例如，政府和投资银行的风险级别、工作时间以及工作氛围就不一样，在一个地方奏效的法则换个地方可能并不奏效。

学习和成长的能力对于长期生存和成功至关重要。如何管理自己的学习，将在第五章中阐述。

找到你的实践区：通过学习得到发展

思考一下，哪种工作环境最能激发你的潜力：

- **舒适的工作环境**：宽松的工作要求和截止期限。配有时髦座椅和舒适音乐的创意区，体贴入微的老板，随心所欲的假期，丰富的团建活动，各种各样的庆祝活动和周到的员工服务。这种工作环境很舒适。
- **紧张的工作环境**：严格的工作要求和截止期限。要求高但支持你的老板和同事，资源有限但是挑战不断。这种环境已经超越了个人的舒适区。
- **压抑的工作环境**：严格的工作要求和截止期限。不

第三章 情感管理技能：处理人际关系

近人情的老板，无法掌控自己的前途，充满恐惧和指责，缺乏团队合作。

对大多数人来说，紧张的工作环境最能激发潜能。在这种环境下，大多数人会得到拓展，但又不至于崩溃。这是理想中的实践区。压力的问题在于，如果你压力过大，那么你可能会崩溃（如图 3.4 所示）。到了这个阶段，补救措施不是回到实践区，而是在拓展自己之前，回到舒适区重建信心。个人和团队都要认识到这一点，并付诸实施。

一开始，我们可能很难理解有些人为什么会走出舒适区，进入压力区。观察一下全球最佳毕业生雇主就可以发现，最受欢迎的雇主正是那些工作压力最大的雇主，尤其是银行和咨询公司。优秀毕业生不会躲避压力，相反，他们积极寻求压力比较大的工作环境。我们采访了几百名毕业生，每人采访一个小时，结果一些规律自然而然地浮出水面。毕业生们之所以选择压力较大的工作，主要原因如下：

图 3.4 区间图

- 他们看重顶尖公司的名气——在亲戚朋友面前有了吹嘘的资本。
- 他们想与同类人一起工作，尽管晋升的竞争比别的公司更大。
- 他们想获得经验，帮助自己建立长期的事业。
- 他们有些天真，对自己面临的挑战并不了解。
- 他们喜欢这种活力十足的组织和群体。

与如此高效的组织和群体一起工作，你不必担心自己缺乏动力，因为这种组织本身就会带来巨大的压力。当然，要求严格并非银行和咨询公司的专利。在市中心的学校任教［例如"以教为先"（Teach First）和"为美国教书（Teach for America）"组织］，在医院担任初级医生抑或参军，对毕业生来说都充满挑战。优秀的管理者不会逃避压力，或者减轻压力，他们会积极地寻求压力巨大的工作环境，从而得到更高的个人回报。

归根结底，人们选择要求严格的工作，是因为他们喜欢这种环境。这种想法很明智：只有喜欢，才能做到最好。没有哪个体育明星不喜欢他所从事的运动，尽管他有时也会遭遇挫折和损失。同样，没有哪个成功的管理者不喜欢他的工作，尽管他有时也会遭受挫折和损失。适当的压力能帮助人们走出舒适区，提高自己的业绩。我们应当接受适当的压力，而不是一味逃避。

"我们应当接受适当的压力，而不是一味逃避。"

第三章 情感管理技能：处理人际关系

> **走着工作、跑着工作和躺着工作**
>
> 萨拉是从一家电子商务零售商的竞争对手那里挖过来的职员，她对行业竞争应该最有发言权。因此，我决定采访一下她的经历。
>
> 乔："这家公司和你以前的公司最大的区别是什么？"
>
> 萨拉："在这家公司，人们都是走着工作。"
>
> 乔："嗯？"
>
> 萨拉："我以前的公司里，没有谁能走着完成工作，我们的时间总是不够用，我们会一路小跑去开会。听到电话，铃声响3次之内，我们就跑去接电话，工作总是一路小跑。压力很大，但是真的很充实。"
>
> 乔："在这儿呢？"
>
> 萨拉："我们走着工作。电话响了也没人接。大家一点都不在乎，干什么事情都慢悠悠的。我已经从一家跑着工作的单位换到一家走着工作的单位，这里的工作更轻松。"
>
> 3年之内，走着工作的这家公司被淘汰了，原因正是因为跑着工作的那家公司的竞争。我的下一个工作单位，既不是跑着工作的单位，也不是走着工作的单位，而是一家躺着工作的单位。这家单位是政府直属单位，现在仍然在运转之中。

我们来简要考察一下各个区间的本质：看看各个区间的情形如何，以及如何从中受益。

舒适区

别人说你正处于舒适区，一般来说是讽刺，而不是恭维。但是舒适区有舒适区的功用，有些时候，你就是要在舒适区工作。

如果你发现所有工作都很容易完成，那你就处在舒适区。你感觉不到压力，你发现工作和生活能得到平衡，工作之外还能照顾生活。好消息是，在实践区内你也能有序运转，发挥现有优势。

经历过一段时间的高压之后，舒适区的生活自有其必要性。你需要时间休养，重建信心，重新充电。

短期来看，舒适区的生活很吸引人，轻松而又高效，看起来你表现很好。这正是舒适区的危险之处，它会诱惑你永远待在舒适区，长期来看，这么做会造成严重后果。

如果你处在舒适区，就不会进一步拓展自己，不会学到一些有助于下一份工作的新技能。

你将在无形中走向边缘化。如果你有深厚的专业背景，例如法律和会计，这可能会让你的职业生涯得以延续。但是，这份职业将局限于专业技术领域，而不会让你走向管理者或者领导者的岗位。我听到很多专业人员抱怨自己的前途越来越窄。一位营销经理，他是赞助领域的专家，最终放弃了工作。他在本领域做了 25 年，实在无法接受升职后去另一个品牌的赞助岗位做同样的工作：年复一年重复同样的工作已经让他兴趣全无。后来他成了一名心理治疗师。

如果你对日常工作感到厌倦，在事业上失去上升空间，逐渐被边缘化，那就说明你在舒适区待得太久。

第三章　情感管理技能：处理人际关系

压力区

舒适区的另一端就是压力区。下面的清单列举了压力区生活的主要症状：

压力过大症状清单

压力过大的主要症状包括：

- 易怒——脾气火爆。
- 身心俱疲。
- 对工作和同事越来越消极。
- 想法越来越消极——总想着不可能的事，而不是可能的事。
- 放大困难，小题大做。
- 感觉压力过大，即将失控。
- 烟瘾酒瘾增大，对咖啡因和药物产生依赖。
- 体重增加。
- 锻炼减少。
- 睡眠质量差。

看这个清单的时候要小心，这有点像阅读医学词典，你发现人类所有的疾病症状你都有。紧接着你就可能出现忧郁症和妄想症。大多数管理者在某些阶段都会经历这些症状，这很正常。如果这些症状持续不退，甚至不断加重，就会出现一个死循环：压力增加导致业绩低迷，而业绩低迷又会导致压力继续增加，进而导致业绩更差。

既然在职业生涯中的某些阶段必然会出现压力，那就有必要了解如何应对压力。

首先要明白，正常压力和压力过重之间的关键区别在于控制力。

如果面临压力，你可能会努力工作，并且很可能取得成就。现在，面对同样的压力，我们消除一些你可以控制的因素：移除截止期限；你要依靠别人关键性的投入，他们可能完成任务，也可能完不成任务，但是你无法掌控；工作要求和期待的结果不断变化；不同的掌权者可能提出不同的要求，而你发现自己无法调和这些相互矛盾的要求。突然之间，正常压力就变成压力过重。赌注很高，你必须完成工作，但是你又不清楚要完成什么目标，什么时候完成，或者能不能完成。

解决这种问题的方法是，重新掌控局面和你自己。

重新掌控局面

第一步是认清形势。首先要明确工作期待，看看哪些人有期待，截止期限是什么时候。这个过程可能要与上司开展艰难的谈话，看看什么可行，什么不可行。你肯定不想中途放弃，相反，你应该利用这种谈话机会，明确三件事：

- **优先顺序**。看看谁需要你做什么，截止期限是什么时候。务实一点——确保工作时限比较合理，看看哪些要求可以拒绝，或者能不能改变要求，让现有的工作时间变得更加切合实际。

第三章　情感管理技能：处理人际关系

- **资源、支持与帮助**。不要做孤胆英雄。如果你需要更多支持，要明确需要什么支持，什么时候需要。
- **障碍与依赖**。如果说成功路上存在障碍，现在就要说明。如果你需要依赖别人实现目标，你不确定别人能否完成，就要尽早提出。现在就要应对挑战，不要等到后面再寻找借口。

很多人感觉进行这种艰难的谈话很尴尬，他们认为这是懦弱的表现，千万不要这么想。这个问题与你个人无关——这是由你的工作性质决定的。将这种谈话视作商务洽谈，洽谈的对象是商务问题和优先顺序。尽早开展这种谈话：谈得越早，就越容易采取措施。如果你把问题留到最后，别人想帮你也帮不上。最好尽早开展谈话，避免日后寻找借口。

"最好尽早开展谈话，避免日后寻找借口。"

第二步是审视一下在这种形势下你能做什么，审视一下当前的挑战，将其分成 ABC 三个等级。

A 等级是你能采取行动的重要事项。或许你无法完成整项工作，但是有些工作你可以取得进展。先取得一些进展，积累一些成绩，可以很快恢复你和同事们的自信。关注你能完成的工作，而非不能完成的工作。

B 等级是你需要帮助的重要事项。这种帮助可能包括扫除政治阻力，明确目标和重新确定优先顺序。别让混乱和焦虑不断积累，要积极主动，解决问题。这是你与上司开展谈话的部分内容。

C等级是次要事项，可以丢弃、推迟或者授权。 要大胆地移除工作清单上的噪声和垃圾，你或许需要集中全部精力处理A等级事项。

ABC等级法可以帮助我们获取控制权，付诸行动，重拾信心。它要求我们关注能做的事（即使能做的不多），对于无法控制的事项寻求帮助。

重新掌控自己

重新掌控自己有两个神奇、舒适而又行之有效的办法：休息和放松。

休息

战斗进行到白热化的时候要想休息是很难的，但是这时，你需要保持头脑清醒。如果你工作了一个通宵，你可能觉得自己是个英雄；如果你喝了一晚上酒，你可能会被开除。然而研究表明，酗酒和缺少睡眠对于认知的损害不相上下。

布鲁塞尔的不眠之夜

星期四就是工作截止日，我们必须向董事会提交一个新方案。晚上8点，展示看起来很好，所以我回到酒店去睡觉。团队十分敬业，大家熬到凌晨2点，不断修改展示内容。早上6点半，他们又回到战场。

早上7点半起床，听说团队成员挑灯夜战，我感到十分内疚，即使我已经告诉大家要好好休息。大家个个面色疲惫，我却精神抖

> 撒。他们问我可否展示一下昨晚熬夜修改的成果，我看了一下，展示文稿在昨晚 8 点钟的基础上反而倒退了。调整过程中增添了许多细节，但是原稿的逻辑和简洁被大幅削弱。我要求他们按照晚上 8 点的版本进行展示，大家顿时都崩溃了。
>
> 上午 10 点，我们如期做了展示。陈述很容易，而且很熟悉。顾客很喜欢，我们又签下了 18 个月的合同。做得少（好）胜过做得多（不好）。

休息的基本方法就是放下工作，抛开电子邮件和智能手机的羁绊，享受名副其实的假期。即使在度假期间，我们也经常看到热情高涨的管理者仍然处在指挥、控制和竞争状态。度假时仍然无法放松的管理者具有以下症状：

- 急切地召集朋友和家人，尽管他们能自得其乐。
- 对着不幸的接待人员、服务员和前台登记人员提各种要求和抱怨。
- 渴望回到电子邮件和智能手机旁边，以防办公室发生什么事故。
- 见到谁都要吹嘘自己的国外旅行、体面的工作和奢侈的生活。

即使你不在办公室，天也不会塌下来。既然度假就像母鸡的牙齿一样稀罕，那就好好调整一下你的工作，以便你能回到舒适区。如果你承受了太久的压力，你很可能会倦怠并最终放弃。

放松

压力上升时，我们的身体会发生相应的变化。试试这个练习：当你面带微笑躺在椅子上时，尝试去生气。这么做多少有点儿不可能，你可以利用这一点。你的心情在很大程度上受身体影响。如果你高度紧张，拳头紧握，手心发汗，脖子青筋暴露，那么你很快就会与人爆发冲突。

控制好身体，就能控制心情。因此，一旦感觉温度开始升高，就要采取措施。学习放松身体有很多方法，佛教徒会进行冥想和吐纳练习。你可能不大想在董事会会议室里打坐，但你至少可以做几次深呼吸，吸进新鲜空气，呼出紧张心情。只需几次呼吸，就能带来改变。

你还可以学习飞机上的锻炼方式：扭动脚趾，伸展小腿，松开拳头，放松肩膀。这样你就能放松身体、放松精神，从而更加清晰地思考，更加出色地工作。

实践区

体育运动员通常会谈论在不在状态。突然，一切都变得顺利了。对于棒球强击手和板球击球手来说，球突然变得像个缓慢移动的"瓜"，等待着击打，而不是快速移动的球。当他们进入状态时，一切看起来都很简单，前提是他们经过了经年累月的痛苦训练。但是长期停留在一个区域是很难的，因为状态总是难免起起伏伏。

第三章　情感管理技能：处理人际关系

"我们得想方设法将实践区延长到几十年之久，而不是仅仅保持几天。"

在商业领域，我们都有这样的时刻，它们也是稍纵即逝。我们得想方设法将实践区延长到几十年之久，而不是仅仅保持几天。如果出现了下面的情况，说明你正处于实践区：

- **时间飞逝**：你沉迷于自己的工作中，根本没有留意时间飞逝。到了下午，你才发现你错过了午餐。
- **得到拓展**：你将处于突破自我的边缘。看起来并非不可能（不可能的是压力区），但你正推动自己走向成功。
- **你在做新的事情**：做事的时候需要不断学习，你可能很享受这个过程。

实践区是介于舒适区和压力区之间的甜蜜地带。在实践中，你必须推动自己进入实践区。大多数人力资源系统都会不经意地将你推回舒适区，工作任务总是分配给具备相关专业技能的人，这就意味着你什么都学不到。在很多时候，现实的工作压力迫使你直接从舒适区跳进压力区，根本没机会在实践区停留。

你必须管理自己的职业。如果你正处于舒适区，你应该开始主动从事能够拓展你的工作，不要等到百分之百做好准备的时候再承担重要角色。要尽早着手，准备快速学习，要对自己的学习和发展能力有信心。

在一年的时间里，你不可避免地会在不同区域间转换，在漫长的职业生涯中更是如此，这很正常。不要期待着你能一直处在实践区，管理好自己，在三个区间达到平衡。这样的话，你能学习、成长，而不会在舒适区被边缘化，也不会在压力区倦怠。

学习正确的行为方式：满足团队期望

仔细梳理一下有关文献，你就会发现，理想的管理者具有以下行为特点：

- 志存高远、为人谦和。
- 敢于放权、精于指导。
- 乐于助人、善于掌控。
- 注重任务、以人为本。
- 深思远虑、处事精细。
- 嗅觉敏锐、条理清晰。
- 关注目标、重视过程。
- 思维缜密、感情丰富。
- 艰苦创业、诚实可靠。
- 动作敏捷、方法得当。

有些管理者认为自己已经具备了所有这些素质，甚至还

第三章 情感管理技能：处理人际关系

具备其他素质。他们自以为是地认为，不需要阅读本书或者别的书就能变得更加高效。我们其他人则认为，按照这个标准来衡量，我们自己都很渺小。

这样一来，有必要问一下管理者对同事、上司和团队成员有些什么期待。就这一点，我已经采访了成千上万名管理人员。调查结果表明，不同行业、不同国家的管理者表现高度一致。下表展示了有关研究结果，并按照评价标准的重要性依次排列。括号中的数字是管理者按照相关标准，对同事们的表现感到满意的百分比。

高层领导	中层领导	新晋毕业生/新晋领导
远见（61%）	激励他人的能力（43%）	勤奋（64%）
激励他人的能力（37%）	决断能力（54%）	积极性（57%）
决断能力（47%）	行业经验（70%）	智商（63%）
处理危机的能力（56%）	交际能力（57%）	可靠性（61%）
诚实正直（48%）	授权能力（43%）	进取心（64%）

回顾一下上面的清单。这个调查中关注了四个主题：

1. 在组织内的不同层级，生存和成功法则会发生相应的变化。这就能够解释为何人们在一个层级上能成功，但在下一个层级上又失败了。他们不是突然之间变得无能。他们发现，在一个层级屡试不爽的法则到了下一个层级根本不起作用。

2. 这个清单中并没有出现领导魅力和灵感的相关内容，这是个好现象。领导魅力是学不来的，也无法生搬硬套，这两者并不是必要的。在我们调查的成千上万名管理者中，我们发现，只有少数的高效管理者真正算得上魅力非凡。提高管理者的效率并不需要魅力和灵感技能。

3. 期望是没有止境的。大家都期待高层管理者同时具备低层、中层和高层管理者的所有品质。当他们跻身中层管理者时，他们不能丧失智商、勤奋和可靠性。随着层级的上升，他们的绩效标准也随之提高。

4. 按照上述标准，对管理者的满意度顶多处在一般水平。如前所述，满意度由每个标准后面括号里的百分比表示。这对管理者来说是个好消息。这就意味着，只要具备表中列举的技能和行为方式，他们就能从同事中脱颖而出。

无论你现在处在什么层级，你的团队都会期待你达到高层管理者的水平。对你的团队来说，你就是最高管理者，你的表现必须符合相应的期待。既然这样，就有必要回顾一下怎么做来达到团队成员的期望。

第三章 情感管理技能：处理人际关系

愿景

你要明确，如何让未来变得更好。这不仅包括制订发展目标，你要向团队展示如何改变工作方式：可能包括更高的质量、更关注客户、更强的专业性、零缺陷等方面。然后从三个方面组织你的故事：

1. 这是我们现在所处的情况，是我们需要改变的原因。
2. 这是我们要实现的目标，是为什么未来会更好的原因。
3. 这是我们实现目标的方法，是你能发挥的重要作用。

这个故事对你来说很关键，会让你的团队明确目标和方向。要让每一位团队成员了解你的故事，要让他们看到：他们能做出改变，并从你的愿景中获益。你的愿景与大家的关联越大，大家对你就越衷心。

激励他人的能力

当团队成员说他们想要一个能激励他人的领导者时，意思是希望领导者能激励他们。团队对于上司的激励能力似乎并不满意，只有37%的团队成员认为自己的上司善于激励。团队成员最不愿意将这个真相告诉管理者。

有的一整个行业都致力于理解和提高动机，具体内容从放松日活动到精神科学不一而足。对我们来说，只要做一件事就好。我们在研究中发现，有一个问题能准确预测管理者在激励能力和其他维度方面的评级。

"我的上司关心我和我的职业。（同意/不同意）"

如果你通过了这项测试，你很可能在激励能力、决断能力、远见、团队协作精神和其他方面都得到较高的评价。如果你在这方面的评价不高，那么你在其他方面的评价也高不了。

这一发现，表面上看显而易见，但只有通过研究才得以证实。如果你的上司一点都不关心你，你肯定会感到灰心丧气，而遇到关心下属的上司效果则完全不同。

关心下属并不是说要做个好好先生，赢得大家欢迎。关心的意思是你要了解每个团队成员的想法和需求，你能给他们分配适当的角色，能向他们提供支持，并且在必要的时候，能就业绩与他们展开艰难但是富有建设性的谈话。关心的目的在于建立信任，而不是为了让大家欢迎你。

"关心的目的在于建立信任，而不是为了让大家欢迎你。"

决断能力

决断能力在智商这一部分已经阐述过。对团队来说，决断能力就是要有明确性。作为管理者，你是希望、明确性和确定性的散布者。你的团队最不希望面临不确定性或者改变方向，因为这意味着返工、浪费时间，并有可能错过截止期限。通常，你做任何决定都好于没有决定：你会营造出一种方向感和目标感，能消除大家的疑虑和猜忌。如果你自己有疑虑，不要轻易告诉团队成员，因为这样会让你显得软弱和不确定。虽然没必要表现出疑虑，但是你可以和团队成员一起开展组织有序、目标明确的讨论。这种讨论是包容性的，关注行动，最终会做出决定并明确目标，满足团队期待。

处理危机的能力

危机是管理者展现自我的机会。当一切顺利的时候，管理工作很容易进行，管理者没有什么挑战。当遇到问题的时候，管理者才会遇到挑战。不要逃避危机，要拥抱危机，化危机为机遇。

处理任何危机都可以使用两种方法。第一，要有决断力。不要拒绝危机，要尽快尽早处理问题。危机与酒不一样，不是时间放得越久越好。时间越久，问题就越严重，尤其是随着指责游戏开始更是如此。当同事们都往后退的时候，你要挺身而出。大家都会很庆幸，有人有勇气承担责任。首先，任何决定都好于没有决定。奇怪的是，形势越糟糕，事情就会越明显。在最糟糕的危机中，往往只有一条出路，或者只能做一件事。所以，你就这么做。关键在于，你要付诸行动，要创造动力并树立希望，要让大家明确目标。即使你后面不得不改变方向，至少你已经创造了动力，你正在向前走。

处理危机的第二种方法是要看你想做什么样的人。当大家早已不记得你做过什么时，他们会记得你的为人怎么样。这里，你可以做出选择，有些人会销声匿迹，远离竞争；有些人会采用马基雅维利式的模式——做大量所谓的有用分析，往往将责任推卸到别人身上，回首过去却一事无成；还有些人会担心害怕；只有少数人会保持冷静、积极，提供支持，聚焦行动。如果你看起来冷静而自制，你的团队就会对你保持信心。如果开始追究哪里出了问题，那么你就会为政治斗争开辟温床。

你的行为方式与你的实际行动一样重要。要想好你想展现出什么样的行为方式，然后做出相应的举动。

诚实正直

诚实正直与道德无关，但比道德更加重要，它们关乎生存和成功。没有诚实正直，就没有信任和团队协作。这种诚实不是政治家的诚实，后者的诚实指的是——"除非法院认为我不诚实，否则我就是诚实的。"管理学上的诚实更加严格，它意味着完全诚实，有勇气尽早处理令人不快的情形。一个团队成员业绩不佳，如果等到绩效评估的时候再去处理，那就算不上诚实，会破坏相互信任。团队成员应该知道自己的位置，尤其是当他们站错了位置的时候。

归根结底，诚实与信任有关。没人愿意为他们不信任的上司工作。

第三章 情感管理技能：处理人际关系

> **投资银行的诚实**
>
> 很多人将投资银行视作"鲨鱼池"。因此，投资银行的领导者就像是池中最大、最刻薄的"鲨鱼"。为了验证这种观点，我决定采访几条"鲨鱼"。
>
> 克里斯谈了一下投资银行的主席："他最大的特点就是诚实。他从不说任何人的坏话。如果你向他分享秘密，他一定会保守秘密。他从不在别人背后说人坏话。如果你浪费他的时间，或者你表现得很愚蠢，你得到的唯一结果就是，再也不会得到见他的机会。"
>
> "因为他很诚实，大家都信任他，员工信任他，顾客信任他。这让他在市场上很有影响力，因为顾客们要找到在敏感问题上值得托付的人。在银行内部，他没有敌人，他的地位不可动摇。"

诚实具有分散性。领导者在诚实方面得分低，在其他方面的得分也会很低。团队成员如果不信任管理者，就不会给他很高的评价。尽管值得信赖的管理者在其他方面不一定表现出色，但至少他们会得到公正评价的机会。

要想做到诚实，就要有勇气开展艰难的谈话，做出艰难的决定。短期来看，这么做很难。长期来看，这对于提高领导力至关重要，它能帮助你赢得信任和尊重的筹码。

第四章

政治管理技能：
获取权力，实现目标

第四章　政治管理技能：获取权力，实现目标

在大多数组织中，你都能见到一些人智商很高，还有些人情商很高，甚至能见到一些人两者兼备。但这些人并不一定就是最出色或者最成功的管理者。许多高智商、高情商的人都在组织中低调行事、韬光养晦。他们讨人喜欢，却很少受到重用。而与此同时，一些智商和情商不如他们的人却能扶摇直上，在组织中的权力越来越大，位置越来越高。

这些高智商、高情商的人所缺的是政治商（PQ）技能，即政治智慧。

政治商技能听上去颇似要不择手段，而很多时候这些技能的确就是不择手段。因此，初出茅庐的管理者有必要弄清楚政治技能究竟包括什么、不包括什么。

政治技能指人们在组织中为实现目标所需的技能。智商技能涉及智力，情商技能涉及人际关系，而政治商技能则涉及组织与行动。要想实现目标，就需要懂得如何获取并使用权力和资源。一旦获得某些权力，如果妥善使用，就能获得更多的权力和资源。权力建造在权力之上。

在过去 20 年中，管理领域出现了两次革命。比较明显

的一个是技术，它终于走进了办公室，走进了管理者的工作方式中。办公技术在理论上提高了生产率，但在实践中却没有。这种技术之所以失败，有三个原因：

首先，它没有减少工作量，却提高了期望值。由于技术意味着他人可以随时随地联系到我们，因此我们也必须随时随地进行答复。同样，由于现在做PPT（PowerPoint演示文稿）更容易，因此PPT变得越来越长，质量却乏善可陈。我们可以轻易地在电子邮件中将文件抄送给大家，但这样做的结果不仅增加了工作量，而且不一定能产生更大的影响。技术提高了期望值，却不一定能提高业绩。

其次，技术吸引管理者去做自己分外的工作。大家都会制作PPT，所以我们人人亲历亲为。这完全是在浪费你的时间和精力，尤其是在其他人能够更好、更快、更廉价地做PPT的情况下。如果你让公司增值的最佳办法就是亲自制作PPT，那么你大概不适合这个岗位。

再次，技术很浪费时间。如果一些资料可信的话，那么办公室里每天浪费在各种社交媒体和其他与工作无关的技术上的时间多达3小时。不管怎么样，我们每个人都曾被网络上的各种奇闻所吸引，暂时丢下了手头的工作。

因此，技术显然在改变着我们的工作方式。它本该提高工作效率，但更常见的却是提高了人们的期望值，增加了工作量，让人分心，引诱人们去做错误的工作。你必须在技术掌控你之前先掌控它。

第四章 政治管理技能：获取权力，实现目标

真正的革命在于管理者的工作性质发生了改变。以前的世界讲究命令和掌控，人们借助自己所掌控的人来实现目标，而现在却不太可能掌控成功所需的全部资源。你得借助那些你无法掌控、甚至不喜欢的人才能实现目标，这改变了一切。你无法命令客户、同事、同行和上司按你所说的去行事。你必须学会一整套全新的技能：施展影响力、说服他人、建立信任和支持网络、推进改革、无权却仍能掌控、管理有权力的人。这便是管理者越来越需要面对的现实，而上述技能便是政治商的核心所在。

这些技能并不神秘，我们将在下面的章节中逐一介绍。这些技能浅显易懂，大多数管理者都能掌握，从而对他们本人及所在组织均有益处。政治商涉及的是权力。就像《星球大战》中的原力一样，能量既可以被用于造福一方，也可以被用于毁灭一切。你可以自行决定是成为绝地武士那样的正义强者，还是成为达斯·维达那样的邪恶化身。理解权力的本质至少能让你有机会做出选择。如果你未能构建自己的政治商，那么你只会沦为政治商更高的管理者们求之不得的垫脚石。

"理解权力的本质至少能让你有机会做出选择。"

我们将逐一探讨这些技能，但是在这之前，有必要先看一看政治技能不包括哪些内容：

- **陷害同事**。陷害同事的办法很多，而且可能会在短期内起到作用，但是从长远来看，你会树敌太多，无法得到信任。这对于职业发展来说是一条艰难之道。
- **自我吹嘘**。认知管理很重要，但是认知的背后必须有一些实质性的内容。
- **谋划夺位，取代上司**。一旦尝试，就必须成功。下属所犯的十恶不赦的罪过之一便是背叛，而上司的权力比你大，如果失败，你就彻底完蛋了。

我们在本章将先总结权力的十大法则，然后再详细探讨那些能帮助你在职业生涯中取得最佳效果的法则。

权力的十大法则：获得政治商

在政治商这个新世界中，权力不会随头衔自动而来，就连一些头衔惊人的管理者也经常需要力争控制权。你需要构建的不是形式上的权力，而是无形的权力和影响力，而这些远远超出了虚职头衔的范畴。只要看一看自己的工作场所，你就能看到有些人在这方面做得非常出色。他们做到这一步所依赖的并不是某种神秘的遗传 X 因子，而是遵循了一些简单的法则。

这些法则不能明说，只能意会。它们是一套诀窍性技

第四章 政治管理技能：获取权力，实现目标

能，不是知识性技能。如果环境变得更加难以确定、更加模棱两可（不确定性）、更具挑战性，那么这些诀窍性技能就会变得更加重要。对于高政治商的管理者而言，这些诀窍性技能属于自动反应，宛如他们思维模式中的默认设置。一旦理解了这些自动反应，你就能开始自学它们。我们可以将它们形容为权力的十大法则。

以下是对它们的总结。

掌握实权

不要等到成为 CEO 时才开始，高政治商的管理者在任何层级上都能掌握一些实权。掌握实权始于制订清晰的计划，并据此采取行动。我们可以将计划比喻为一个三部分结构的故事：

1. 目前情况；
2. 未来目标；
3. 实现目标的方法。

一旦掌握了实权，就能为自己和同事确定清晰的重点和目标。即便他们有异议，讨论时也将围绕你的计划展开，而不是他们的计划。掌握实权在面临危机和矛盾时尤为重要，许多人此时会避之唯恐不及，但危机却是让你扬名的机会。

培养忠实追随者

你需要成为人们愿意追随的管理者，而不是他们不得不

听命的领导。只有这样，你才能吸引最出色的团队，取得最佳业绩。不过，除了自己的团队之外，你还需要忠心耿耿的支持者，需要依靠同事和承包商们来帮你实现目标。要想获得支持，就必须得到信任；你需要与他们培养相互理解（共同的价值观）、相互尊重——靠各方面的鼎力协作才能实现目标。建立信任与建立友谊不同——信任是职场关系的核心，而友谊则是私人关系的核心。

演好角色

如果你只想当一名基层管理者，那么你的愿望很容易实现——你可以一辈子只当一名基层管理者。要注意观察比你高两层的人的衣着和言行，如果你与他们在言谈举止方面存在鸿沟，那你就得要思考如何改变自己。

演好角色的过程可以很浅显，比如像他们那样穿着。人们虽然不会以貌取人，却也会据此来评价你。不过，演好角色要比这更加微妙。高层管理者不需要通过长达300页的PPT来说服他人，他们直接面对面地讨论各种问题。

不要充当高级管理者的仆人，而要做他们的伙伴，他们才会因此比较平等地对待你。

尽早出手

只要存在不确定性，高政治商的管理者都会利用这种情况来掌控局面。出现危机或机会时，你要随时准备挺身而

第四章 政治管理技能：获取权力，实现目标

出，绝不能退缩躲避。尽早出手需要勇气，在下列情况中它将对你有利：

- **商谈预算**。要在预算框架下达给你之前尽早赞同宽泛的目标。
- **管理危机**。只要有化解危机的计划，就能继续掌控局面。行动滞后意味着危机会恶化。
- **得到合适的位置**。坐等某个职位信息发布无异于错失良机，你的人际关系网应该在机会即将到来时提醒你。一定要确保自己已经定位好，这样才能被安排到想要的位置上。
- **管理会议，克服阻力**。千万不要通过开会来做决定，应该在计划上会之前就知道自己的决定肯定能通过。你应该在正式决策过程开始之前就提前通过单独会议清除掉所有潜在的反对意见。

有选择性地争斗

只要组织存在资源不足的情况，内部矛盾便在所难免。你需要具备与他人争斗的能力，但只能在必要时才与人相争：

- 当得到的东西值得一争时。
- 当知道自己会赢时。

- 当要想实现目标别无他法时。

公司内的大多数争斗之所以失败，原因不外乎是没有遵循上述法则。

有选择性地严苛

接受借口便是接受失败。你需要给下属施压，帮助他们完成他们原以为无法完成的任务。只要给下属施压，他们就会学到东西，就会成长，组织也一样。

"接受借口就是接受失败。"

但有些管理者在这一方面走向了极端：他们总是不讲道理，把人逼到崩溃的边缘。强硬管理的确能带来短期效益，但却是对人力和财力的长期破坏。高政治商的管理者懂得如何通过选择性的严苛来提高长期业绩。

建立信任

信任是权力的硬通货。如果没有人信任你，你就别指望自己对任何人有太多影响力。信任来自言必行，行必果。这听上去很容易，其实不然。从你嘴里出来的话与别人耳朵听到的经常南辕北辙。我们说话时会认为自己只是在随机应变，"我希望能……我将尽力……我将过问此事……"我们希望这些说法能够在遇到挫折时成为我们的借口：我们已经希望过、尽力过、过问过,哪怕最终没有结果。但其他人听到的却是一个承诺:"我会……"。当然,你可以为自己辩护,说自己已经有言必行,但这种辩护无法恢复信任。宁可尽早把话说得难听一些,也不要为时过晚。在制订期望值并落实这些期望值时不要心软,只有这样才能避免最终出现出人意料的情况。

拥抱不确定性

出现不确定性的地方经常存在真空,等待你去填补。这种情况源自于一些难以确定的计划,诸如:

- 我们应该如何组织外地团队开会?
- 哪些人应该参与这个新项目?
- 我们应该如何应对这种新的竞争举动?

要抢占先机,抓住一些好的机会。你会脱颖而出,成为一个充满正能量、行动果敢的人。然后,你需要取得成功来得到荣誉。

高政治商的管理者会与每个人分享成功的荣誉。这不仅能够巩固大家对你的支持和忠诚,而且能进一步凸显一切都在你的掌控之中这一事实。

注重结果

这一点显而易见,但许多管理者却认为,将重点放在分析、过程和问题上更加保险。注重结果能将不必要的矛盾降至最少，驱使人们不再相互推卸责任，而是向前看，采取行动。要想注重结果，首先就要提出正确的问题：

- **会议**。无论正式的计划如何，我想在会议上达到什么目的？
- **与其他部门的矛盾**。我究竟想达到什么目的？是否值得为此拼争？
- **危机与挫折**。我们需要什么样的结果？而不是谁应该为此负责。

要么运用权力，要么失去权力

一旦拥有了权力，就要使用它，用得越多，得到的正式权力也就越多。如果运用不当，你不仅会失去权力，还有可能失去工作。

避开"求稳"的陷阱：如果你唯一的目标就是生存，那么"求稳"无可非议。如果你想成功，就必须做出改变。

问问自己："我在位的表现能给我带来什么不同的结果？"你能给别人留下什么遗产？运用权力来做出改变吧。

权力的十大法则

1. 掌握实权

为部门制订清晰的计划，了解自己的努力能带来什么样的改变，

续

建立正确的团队，为自己的计划争取到相应的预算和支持。不要将所继承的计划、团队和预算视为神圣不可侵犯而随意接受。

2. 培养忠实追随者

一定要表现出你对团队的每个人以及他们的事业发展真正感兴趣，了解他们的需求，管理好他们的期望值，尽早主动与难打交道的人沟通并建立信任，永远兑现对他们的承诺。

3. 演好角色

要表现得如同组织中其他有影响的人一样：积极、自信、果断。要表现得像高层管理人员的同僚，而不是他们的跟班。

4. 尽早出手

如果晚一步得到任务、晚一步参与讨论或者晚一步了解新举措，你都会为最终的结果殚精竭虑。越早出手，你对结果的影响力就越大。这固然比坐等着加入到游行花车之中更具风险，但如果你想施展影响力，想领导那辆游行花车，那么就不要等待以后再上车。

5. 有选择性地争斗

只有在出现值得为之一战的利益时、在你知道必胜时、在别无他法可以实现目标时再相争。赢得一位朋友比赢得一场争论更好。

6. 有选择性地严苛

要敢于给自己、团队和其他人施压，要通过超越常规、超越舒适区来实现改变。这能让你学到东西、产生影响并建立权威。

7. 建立信任

信任是硬通货。如果没有信任，谁也不会相信你。要有言必行，兑现诺言。让每个人都信任你必然能提高你的影响力，而让每个人都喜欢你则会让你变得软弱，因为你必须时刻妥协、时刻做出让步来讨好别人。

续

> **8. 拥抱不确定性**
> 危机与不确定性是绝佳计划,能让你脱颖而出、掌握实权、填补其他人造成的不确定性与怀疑所带来的空白。不确定性能让领导者充分展现自己。
>
> **9. 注重结果**
> 依照清晰的目标工作,这些目标应该在整个组织内透明且有影响力。要致力于行动,而不是分析。
>
> **10. 要么运用权力,要么失去权力**
> 掌握自己的命运,不然别人就会掌握你的命运。只有在施展影响力时才能影响别人。

掌握实权:理念的力量

在以前的世界里,权力与掌控来自权威所掌握的各种资源,包括:

- **掌握预算**。管理者的帝国大小取决于他的预算规模,预算越大越好。这也会导致功能低下的帝国建设根本无法控制成本或者提高效率。
- **掌握信息**。
- **掌握员工与技能**。如果你和团队有一套独一无二的技能,而且公司又必须依赖这些技能,那么你就有了权力。直到有外包公司取代你。

- **掌握客户**。如果现金为王,那么客户就是王后,拥有至高无上的权力。在提供专业服务的公司中,权力属于那些能让客户掏钱的奇人。
- **掌握权限**。这是一个充满刻板官僚的世界("对我来说,让你那样干不值得……")。手中有了一点小权的人不会轻易放弃,这是他们运用权力、达到目的的唯一渠道。

所有这些权力资源在今天仍然管用,它们是你手中的筹码。简而言之,如果你没有预算、没有信息、没有员工、没有技能、没有客户或者没有权限,那么你无论在什么地方都不会有太多影响力。

但是,仅仅拥有这些权力资源还不够,因为它们只是你进入影响力世界的门票。如果说第一项挑战是获得其中一些权力资源的话,那么第二项也是更大的挑战便是懂得如何运用这些权力资源。

在全新的管理世界里,仅仅拥有头衔或者成为名义上的权威,并不意味着你就真的拥有实权。即便是对德高望重的管理者而言,掌握实权也不容易。如果你继续沿用从前任手中继承的团队计划和预算,那么你并未真正掌控,你只是在管理一份"遗产"。更糟糕的是,你将面临其他部门的同行和同事各种极具竞争力的计划和优先项目,只能任其摆布。那么你如何才能掌握实权?

在充满变数的世界里，拥有一个非常清晰、相关和有价值的计划是掌控的核心。这个计划应该是你对自己的部门或者单位如何在你的领导下有所改变、有所改善的想法。你需要说明自己的团队未来努力的方向，并为此力争得到最高管理层的支持。这将有助于你打破日常管理中的种种干扰，集中精力来处理重要事项，而不只是忙于紧急事务。

你要应对的干扰很多，比如司空见惯的小危机和矛盾，无休无止的汇报和行政管理，还有年度预算和业绩考评等所有管理者都必须亲力亲为的事项。不过，这些只是达到最终目标的途径：管理的目标不是递交预算文件，也不是评估业绩，管理者必须完成预算和业绩。这通常意味着你必须让部门取得与之前不同的成绩，因为故步自封却仍然希望取得比之前更好的结果，那只是一厢情愿的奢望。如果你一味忙于应对各种干扰，那么你将无法带来改变。

"愿景只是一个简单的故事。"

有时这也被称作有远见。这让人不免想起马丁·路德·金和"我有一个梦……"。大多数有着这种愿景的管理者都应该将这种愿景暗藏于心。从管理学的角度来说，愿景只是一个简单的故事，分为三个部分：

1. 当前的目标；
2. 实现目标的方法；

3. 你能做出的贡献。

有些人还可以增加第四点——目前的状况。这有助于解释目前状况的相关性与重要性。花太多时间来纠结目前的状况和过去的情况并不是朝未来努力的一个好办法。

当前的目标

确定目标是管理的关键之一，目标需要前后一致，需要有可预测性。团队要有办法理解你的各种重点事项，并且做出选择，而不是什么事都问你。他们需要明白应该将精力放在什么地方。因此，你需要做一个简单的解释，告诉团队应该力争达到什么目标。

比较典型的做法是，我们未来的走向要么是一个清晰的目标，要么是一个相关的主题。目标可以包括：

- 制定年度预算。
- 今年开发三个新客户。
- 削减15%的成本。
- 推出一个新产品。
- 制订一个试销市场计划。

主题可以包括：

- 将工作方式变得更加专业化。
- 加快决策过程。

- 更加注重客户。
- 简化工作流程和模式。

> **前苏联别针工厂**
>
> 五年计划获得全票通过。国家计划委员会需要将该计划转化为详细任务，最终轮到了别针生产目标上，该计划要求将别针产量提高500%。由于需要发展大规模经济，国家计划委员会决定让一家工厂来生产"人民别针"。这家工厂原先生产"光荣革命"牌拖拉机，在得知自己每年要生产20吨的别针后颇为惊慌。员工们擅长制造拖拉机，对生产别针一无所知。工厂管理者制订了一个计划，1周实现制造别针的目标，其余51周继续生产拖拉机。
>
> 第一周结束时，这家工厂制造出了一枚重达20吨的巨型别针，哪怕是最厚实的头巾也用不上。第二周结束时，这家工厂的管理者又在帮助完成苏联的盐矿开采任务，而国家计划委员会则在考虑是否还要追加目标……

有些管理者将目标和主题合二为一：主题是他们实现目标的方法。要想把事情简化到这一步，需要精力、眼力和判断力。管理者一旦有过这样的经历，那么对他而言，通往掌控的道路就比较清晰：不仅制订出了计划，而且能通过该计划来驱动团队，让团队以计划为中心。管理者不再被事务缠身，而是掌控了各种事务。

实现目标的方法

确定目标比较容易，实现目标却要困难得多。一旦心中有了目标，你就需要让大家知道，该目标与部门需求息息相关，而且可以实现。

有一点最为重要：一定要全力以赴，先实现一些容易达到的目标。每个人都喜欢自己追随成功者的那种感觉，部门的年度目标太大，要寻找一些团队现在就能开展的工作，以便让他们尽早看到成就。不必提前将全年计划公布于众，只需自己知道终点和起点就行。

你能做出的贡献

这需要你将部门的大故事转化成与团队每个成员休戚相关的小故事。团队成员喜欢受人关注的感觉，因此你要表现出他们很重要、能够做出贡献。

与每一名成员单独讨论部门目标，这是很好的机会，可以告诉他们你想实现的目标、实现目标的方法以及对他们的期望值。反过来，你也会听到团队成员在职业生涯、机会、技能和工作方式等方面对你的期望值。与对待整个团队一样，你需要为每名团队成员确定几个容易实现的目标，让他们开始做出贡献、不断提高。这将建立起双方的信任。如果他们无法实现双方已经同意的简单目标，那他们就得担心自己的业绩和能力了。

只要做好这一点，你就能与每名团队成员建立起一种心理上的契约，双方也都能够为对方的需求尽心尽力。通过相互认可的目标、行动和工作方式，你就能掌控整个团队以及团队中的每名成员。

管理变革：管好人，而非项目

人们通常认为，管理所涉及的就是改变，或许管理就应该是这样。但是大多数管理者在大部分时间里都不喜欢改变，因为改变代表着风险、不确定性，甚至要更多付出。热衷于改变的只有管理咨询师（改变对他们而言意味着咨询费，而且无论结果如何，他们都没有风险）和CEO（有改变就等于告诉董事会他们在努力，而且由于他们掌控着改变，所以他们不必为改变而担心）。

"热衷于改变的只有管理咨询师和CEO。"

由于变革被视为管理的核心，所以管理层自然会声称要进行改变。一些传统组织每年唯一的改变就是更换挂历，但即便如此，这些组织也需要讨论越来越快的变革步伐以及它所带来的挑战。这种看法有可能大错特错。感知虽然是抽象的，但其后果却是实实在在的。如果管理者觉得自己已经在快速地改革，那么任何更多的改变将会让他们远离舒适区。你会突然听到许多清晰、理性的反驳声，认为变革的风险太大，注定会造成混乱。这些看似理性的反驳，常常只是那些受到威胁的人发出的求救声。

变革属于FUD领域：恐惧（fear）、不确定性（uncertainty）

第四章 政治管理技能：获取权力，实现目标

和怀疑（doubt）。管理者们自然不喜欢进入这样的领域。

变革就像人一样，很难被装进一个个整洁的小盒子里。理论上，人们也不应该被装进盒子里，除非他们离世。但是这纷扰的现实中存在着一些不变的成功与失败法则。每一部电影都独一无二，然而大多数电影都有着相似的主题。变革也一样：每一个改变都独一无二，也都以独特的方式成功或失败，但是成功与失败的背后却有着共同的主题。从个人经验中吸取教训是件痛苦的事。下面的内容将帮助你从别人的经验中学到东西。

我们将探讨成功变革的两个主要方面：

- 为成功而变革。
- 管理变革过程。

为成功而变革

大多数变革甚至还没有开始就已经成功或者失败。作为管理者，你需要为了成功而在团队建立之前就投入时间。多年来，有一种方法能预测变革是否能成功。我们可以用下面这个数学等式来总结这个方法：

$$N \times V \times C \geqslant R$$

其中：

N（Need）代表变革的必要性。

V（Vision）代表变革将实现的愿景。

C（Capacity）代表推动变革的能力。

R（Risk）代表变革的风险及所带来的成本。

用通俗易懂的话来说，上面的等式是指你需要强烈感觉到变革的必要性，需要有实现的愿景，而且必须具备进行变革的能力，这些因素综合在一起必须大于变革的风险和成本。

下面我们探讨一下每个因素在实践中意味着什么，以及如何使用它们。

变革的必要性

鉴于大多数人本能地不喜欢改变，你需要为推动变革找到一个真正的理由。你得有一个正在解决的难题，可以利用人的本性——如果人们天生厌恶风险，那么他们也天生厌恶改变。

你可以告诉他们，不进行改变的风险大于进行改变的风险，以此来克服他们对风险的厌恶。就连CEO们也会运用这条策略。他们会创建一个"燃烧平台"，将改变与生死存亡联系在一起。这个"燃烧平台"的本质是：竞争、监管机构或技术将使我们破产，除非我们进行改变。面对要么失业、要么改变工作方式的这种前景，大多数人会选择改变他们的工作方式。

作为管理者，你得让他们看到你是在解决一个确实存在的问题。最理想的情况是，这不是你造成的问题，它可能是公司整体面临的一个挑战。可以听听CEO和最高管理

第四章 政治管理技能：获取权力，实现目标

层在说些什么，他们谈论的是所面临的各种挑战。许多管理者把高层的讲话当成耳旁风，他们在观望，在考虑是否需要有所行动。可这正是你发光的机会——要证明自己不仅聆听了最高管理层的话，而且还在按照他们的工作重点采取行动。

让客户高兴

CEO 刚刚做了总结报告，内容一如既往，即激发希望与担忧：希望未来更好和担忧不改变的后果。他着重强调了要让客户高兴，这并不让人感到特别意外，因为这毕竟是一家法律咨询公司，完全依赖于让客户满意。大多数人只是点头同意，然后就去用午餐了。

没有人邀请负责管理设施的经理参加会议，因为他在公司里无足轻重。但他还是到了会议现场，确保座椅、音响、视频和午餐一切正常。他思考着 CEO 的讲话，让客户高兴究竟与设施有什么关系？他无法确定，于是便将自己的团队召集在了一起。

他们首先确定了卫生间：如果卫生间档次太低，客户会不高兴。结果，卫生间成了公司的一大亮点。他们接着改变了公司的前台，让它变得更具亲和力。前台接待员在这之前已经慢慢变成了冷冰冰的保安，于是他对前台接待员也进行了改造，赋予他们权力，让他们变成全天候的酒店礼宾部——竭尽全力去帮助客人。他们还安排了几个客户会议间，不仅环境怡人，而且非常私密。

在此后的年度会议上，CEO 没有再忽视这位负责设施的经理，他请这位经理向所有合作伙伴讲话。这位经理真正理解了 CEO 提出的要让客户高兴的信息，并且将其付诸行动。

理解最高管理层的计划并加以落实，只有这样才能寻找到有力的支持，才能建立地位和信誉。

变革的愿景

愿景只是阐述想法的一种更宏大的方式，我们在之前的章节中已经探讨过。要让人看到变革给你所在的部门、团队的每一名成员以及整个组织所带来的变化与益处。

如果说变革的必要性会造成压力的话，那么变革的愿景则会带来希望、清晰度和重点。你既需要压力，也需要希望。如果只有压力而没有希望，那么你会陷入绝望，因为没有人知道该如何反应。一旦明确了愿景，那么团队每个人都会更加清楚自己应该做什么。

好的愿景将带来清晰的、可定义的和有一定时限的益处。团队每个成员都应该知道会有哪些成功在等着他们，也应该知道什么时候能取得成功。最高管理层也应该看到变革所带来的益处，这些益处大致分为三类：定性、定量（非财务）和财务。你的团队或许对争取利润最不感兴趣，但最高管理层却对利润最为关注。他们看到的益处越大，就越有可能支持你。这意味着你得找到办法向每个团队说明最终的回报，如下表所示。

"好的愿景将带来清晰的、可定义的和有一定时限的益处。"

第四章 政治管理技能：获取权力，实现目标

定性益处	定量益处	财务益处
增加客户关注度	客户保留率每年从80%提升至90%	年收入增长250万英镑
提高团队士气	自愿离职率从18%降至10%	招聘和培训成本节省30万英镑

表4.1 评估你的愿景所带来的回报

我们可以从上面简化的表格中看出，你需要从三个方面来确定回报的大小。定性益处人人都理解；定量益处能为团队提供一些有形的努力目标；财务益处则是最高管理层会支持的回报。

你需要不断提醒大家会有回报，因为你将不可避免地面对被动和主动的抵触。如果你只谈增加客户关注度，那么你很难应对这些抵触。但是，如果你将250万英镑的回报放在他们面前，那就很难抵挡了。任何一位管理者都不想成为阻止公司每年多挣250万英镑的人。

推动变革的能力

归根结底，这里的能力指变革所需的领导支持。与以往一样，真正的问题在于这在实践中意味着什么。

领导的支持包含着三层意思：

- **强大的后盾**。你的想法或者愿景应该直接支持顶层管理者，他们需要看到能从你所做的事中获益，然后才会帮你确定合适的预算和团队，帮你消除

前进途中所面临的政治障碍。他们不会天天都关注你——如果他们是合适的后盾，他们会太忙。但是他们会给你关键的支持，让你开始改变，并持续下去。

- **技术支持**。如果你想说，你正在尝试的改变每年能让公司增加250万英镑的收入，那么这句话需要得到证实才会被人们所接受。营销部门需要证明客户保留率能够提高，财务部门需要证实你的收入预测正确无误。
- **合适的团队**。技能固然重要，但更重要的是心态与价值观。要想推动改变，你需要那些积极主动、有动力、有毅力、有创造力、能够应对挫折的团队成员。他们也需要具备良好的交际能力。检验后盾的一个好方法便是看看他们能否帮你找到合适的团队。如果你得到的只是一个二流团队，那就走吧，因为那种团队只会让你夜不能寐、无法实现自己的目标，而且也表明你的后盾缺乏能力，或者你在他们眼里无足轻重。

变革的风险与成本

所有变革都带有风险与成本，因此大多数人都不喜欢改变。比较容易解决的是那些理性成本与风险，这里有风险日志和问题日志，以及所有减轻风险的措施。这些理性风险通

第四章　政治管理技能：获取权力，实现目标

常可以理性地管理好，真正棘手的是那些情感和政治风险：

- **情感风险非常个性化**：这个改变对我有什么影响？我能保住饭碗吗？我是不是会有新的任务、新的上司或者新的角色？我要学习新的技能吗？成功的荣誉归谁？如果出了差错会要我背黑锅吗？
- **政治风险涉及的是权力与位置**：这对我的单位有什么影响？我的预算、员工和责任会增加还是会减少？这将如何影响单位的目标与工作重点？

当然，谁也不会直接议论这些风险，否则他们会显得不够专业。相反，任何感到威胁降临的人都会开始提出一大堆明显反对改变的合理意见。反驳这些合理的意见不会有任何结果。无论你认为自己是对还是错，对方只会越陷越深。他们一旦公开采取某个立场，就很难改变。

最佳的解决办法是与关键人物，或者最有影响力的那些人单独沟通。一定要确保你理解并尊重他们的需求，让他们感觉到自己已经参与你所进行的变革，这样他们就会感觉威胁有所减少。你要运用本书介绍的一些能影响他人和说服的技巧。

开始变革时，心中要思考上文提到的那个变革等式。花大量时间和精力去进行改变毫无意义，除非精心设计的改变一定会成功。设计过程可能会占用时间，但只要你从一开始就正确应对，那么这点时间还是物有所值的，因为它将为以

后节省更多时间、减少更多痛苦。

管理变革过程

变革的过程远不止项目管理,我们将在下文详细介绍。项目管理至关重要,因为它涉及什么时间做什么事。变革管理涉及人和政治,优秀的变革管理者和优秀的项目管理者常常是截然不同的两类人:前者善于与人打交道,后者善于与任务打交道。

我们首先分析改变过程的性质以及应对策略,然后再分析如何应对变革阻力这个具体的问题。

变革之旅的性质

变革很少一帆风顺,它可能会像坐过山车。每个人在乘坐过山车时都会有不同的感受,因此你需要逐一帮助每个人。

有些实用的方法可以帮助他们通过这段情感过山车之旅。如果他们压力过大,就会出现异常,因此你要帮助他们保持工作效率。以下是几条重要的原则:

- **任务递增**。不要在太短的时间里给团队布置太多工作,要逐步递增他们的工作量。让他们先从容易的事情着手。这样做会有两个作用:
  1. 让他们树立信心,感觉自己能够成功。
  2. 建立责任感——一旦开始,他们将充满责任感并坚持到底。

第四章 政治管理技能：获取权力，实现目标

- **施压，但是不要把人压垮**。变革的过程如果太严厉，会让人感觉不舒服。只要管理得当，这对他们来说会是件非常兴奋的事，业绩也会有所提高。但如果你逼得太紧，他们就会压力巨大。就像患上高原反应症的登山者，他们需要退回到舒适区去恢复。只有在恢复之后，他们才能慢慢重新开始分阶段逐步增加任务。人们常犯的一个错误是持续施压，而不给他们恰当的恢复时间。懂得关心下属，他们才会专注于工作。不要让各种任务把人压垮。
- **注重正面效果**。要认可正面的行为和业绩，并对此加以巩固。要发现每个人表现出色的地方，认可这些，让他们建立信心。如果发现问题，要帮助团队尽快找到解决方案并采取行动。不要让他们沉浸在这些问题中，茫然不知所措。即便他们解决大问题的能力非常有限，也要让他们发挥作用。
- **目标坚定，方法灵活**。目标坚定不仅事关必须实现什么目标，而且事关为什么必须实现。实现目标无论是对组织还是对个人都有着积极的影响：让他们专注于回报，这样他们就能看到自己努力的价值和意义。但是在实现目标的方式上，要给他们一定的灵活度，要让他们有授权感、控制感和责任感。
- **尽早设定期望值**。如果团队早就知道自己要通过

"死亡之谷",那么他们在遇到困难时就不会惊慌。我们曾告诉过一位 CEO,他将体验"死亡之谷"。在此后的两个月里,他每次遇到挫折时都会像孩子那样问:"我们还没有进入死亡之谷吗?"他带领组织平稳地度过了艰难时期,因为他已经为此做好了准备。

- **取得一些初步胜利**。一些象征性的行动通常有助于让人们相信你对这次变革是认真的,而且干劲十足。当大家看到这台花车已经启动时,他们自然会爬上去。

下面的图 4.1 反映了人们在"过山车之旅"中的不同体验。

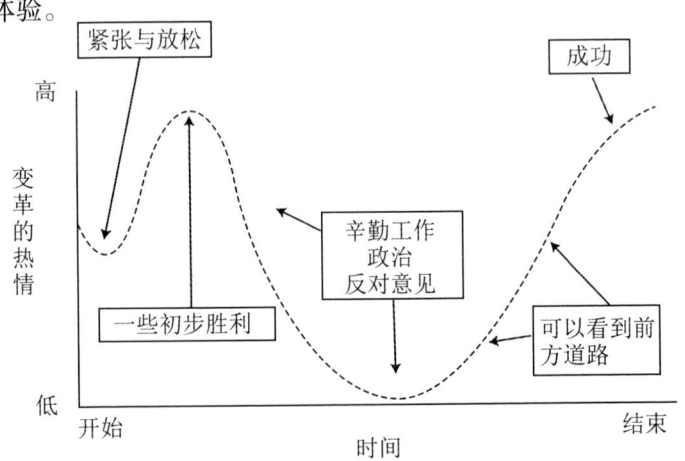

图 4.1 变革与死亡之谷

第四章 政治管理技能：获取权力，实现目标

应对变革的阻力

第三章已经详细介绍过管理阻力的大多数原则，即"说服：如何推销"和"应对冲突：从恐惧到倾听"。如果项目已按正确的方式设定，那么大多数阻力甚至会在项目开始之前就已经被克服。

但是还有一个潜在的危险。任何变革必然会招致阻力，那些觉得自己会损失最多的人会最强烈地反对（见下面的图4.2）。他们会大肆鼓噪，与此同时，大多数人则会保持沉默。你可以在政府改变税收和优先支出权时看到相同的情况。这些利益受损者大吵大闹，而受益者则保持沉默。

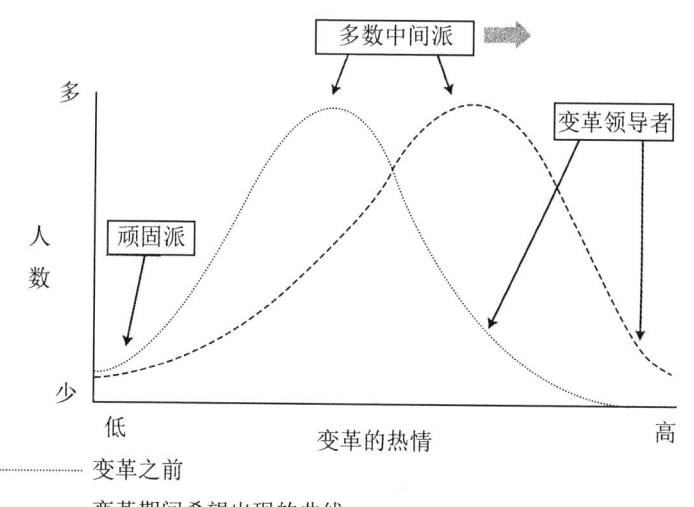

图 4.2 变革的钟形曲线

政治商较低的管理者需要避免一个陷阱，即陷入与少数人争论的困境中。你听取少数人的意见越多，就越觉得他们的观点有道理。这等于你给了他们对你的项目的否决权。最糟糕的结果是他们会终止项目，而最好的结果是他们会拖延项目进展，弱化它，并造成巨大的破坏。

应对这些障碍的最佳办法是绕开他们，把精力集中在激发大多数人（以及制造舆论的关键人物和决策者）的激情上。随着他们开始默默地支持你，反对派会开始感到自己被孤立了。列车即将离开车站，他们必须做出选择：要么上车，要么错过火车，要么躺在列车前方的轨道上。无论他们如何选择，列车都不会停下来。在商界，反对派会慢慢土崩瓦解，其中一些人会加入你的团队，一些人会隐藏自己，还有一些人会去别处寻找其他机会。

人与变革：穿越"死亡之谷"

项目管理者经常喜欢将自己称作变革管理者，因为这听起来更复杂。他们沿用的是人事部（对不起：应该是人力资本管理部或者战略人才管理部）和销售部（再次对不起：应该是客户关系维护经理、重要客户经理、市场主管、市场开发部主管）的做法。

在这种看似无害的语义背后却是一些严重的混乱。项目管理在很大程度上考验的是智商，重点在于建立或者改变诸

第四章 政治管理技能：获取权力，实现目标

如 IT 系统、生产线以及重大土木工程项目。它通常涉及下列活动：

- 描绘工作细节。
- 建立风险和问题日志。
- 确定工作规模：人员、时间、材料、资金。
- 确定主线，明确各项任务的实施顺序——先打好基础，然后再建造屋顶；先开门，然后再进去。
- 评估并监督进程。
- 制订项目计划，用不同的符号来显示我们大多数人难以理解的决策点和路径。

上述极为宝贵的原则对于管理复杂的任务至关重要，比如修建一个核电站。

在精心管理的项目结束时，你会发现情况将发生改变。但是，人们不会仅仅因为修建了一个工厂或者创建了一个 IT 系统就会改变。想让一个项目真正成功，你还得改变他们的工作内容和工作方式，这才是变革管理与项目管理之间的本质区别。它把我们拉回到管理者角色这个核心问题上：通过他人来完成任务。

"高效地变革管理所涉及的不仅是项目，更是人。"

我们将探讨影响组织内人员最常见的五种方式：

- 改变他们的工作内容：角色、责任和工作性质。

- 改变他们的工作方式：技能。
- 改变他们及其任务的组织形式：过程与步骤。
- 改变考评、奖励和认可他们的方式：信息、考核、评估和激励机制。
- 改变他们的行为方式：范围最广的文化改变。

由于变革管理涉及改变人，需要更深层次的情商和政治商，项目管理中的高智商技能几乎无法给你提供帮助。与建筑或 IT 系统不同，人有自己的思维，也有自己的希望与恐惧。他们会反驳，会趋利避害，会制造麻烦，会按照自己的情商和政治商行事。他们会按照自身利益行事，尽管组织利益会对其有一定的制约。改变是一个混乱的现实，即便是运用清晰明了的关键路径分析、项目管理软件中优美的方框和示意图，也无法轻易将其征服。

改变员工的工作内容

重组经常被认为是结构的改变——移动组织图的方框，希望由此带来更好的结果。结构改革会遭遇一些管理者与日俱增的冷嘲热讽，因为他们之前已经目睹过这些改变：从集权到分权，再从分权到集权，以及根据当下的趋势围绕产品、客户、功能或者市场来进行机构重组。

重组包含三个层面：智商、情商和政治商。重组的理性原因是重组过程中最常见、效果最差的原因。如果处理得

第四章 政治管理技能：获取权力，实现目标

当，重组的益处主要来自其情感和政治的影响力：

- **重组的理性层面**。咨询师们对此异常兴奋，他们会绘制许多图标，设计岗位的大小，给岗位定位，并且对岗位进行各种描述。他们经常毫无必要地把事情复杂化、官僚化，以体现他们非凡的能力。采用理性的方式进行重组时，遇到的真正问题在于，人们经常无法知道或者证明一种组织结构肯定比另一种组织结构更好。

- **重组的情感层面**。重组本质上是要号召大家为组织而战，这就有点像在说，"我们已经更加接近客户，所以我们现在要从以产品为本的结构，转为以客户为本的结构。"只要改变结构，并且用考核、奖励、过程和程序来支持改变，人们就会开始相信你的说法。在个人层面上，重组是一个很好的机会，可以与团队每个成员重新建立起心理契约。这就相当于在说，"面前有一个新世界，我们现在一起来分析怎样做才能在这个新世界中成功。"（见下页案例）

- **重组的政治层面**。重组的一个重要原因就是推翻原有的权力巨头。例如，玛莎被任命负责一家大型系统事务所的欧洲业务。在大男子主义文化中，权力巨头们决心要让她陷入困境。他们都有冠冕堂皇的理由来证明自己在公司中的角色独一无二，无人可

以取代。于是，玛莎重组了整个团队（她杀一儆百，给其中一位权力巨头分配了一份他无法接受的工作，迫使他离开）。公司的业务重点从以地理位置为主改变成以行业为主（即金融服务、油和天然气、政府部门等）。从理性的角度来说，这需要构建更强的行业专长，但真正的目的是要打破权力巨头们的权力网。权力巨头们发现自己处在了陌生的领域，无法动用他们原先的托辞，而且也看到了反对所带来的后果。玛莎现在已经牢牢控制住了这些大男子主义的权力巨头。

建立新的心理契约

那是一个星期天上午。我们知道第二天上午就要宣布重组事宜，一切准备就绪：堆积如山的岗位描述、PPT幻灯片、问卷表、组织结构图以及网页。可是我们心里却仍然觉得空荡荡的，感觉还缺了点什么。我们翻阅了所有文件，意识到我们忽略了人，我们在进行各种分析的过程中忘记了他们。

我们开始思考每一个人，思考重组对他们个人意味着什么：他们的希望与恐惧，以及我们需要从他们那里得到什么样的帮助才能确保重组成功。重组工作慢慢有了生机。

我们为每个人确定了下面几个问题：
- 重组会给他们带来什么变化。
- 组织如何帮助他们个人。
- 他们可能关心什么，以及我们可以如何帮助他们。
- 从改变后的业绩、技能和工作方式的角度来说，我们需要他

> 们做出什么样的贡献。
> 　　随着重组工作的展开，我们与每个人坐到一起，讨论这种新的心理契约——我们对对方的承诺。事后证明，每一位负责人与其团队成员之间的这种心理契约远比干巴巴的岗位描述管用，因为岗位描述很快就被扔进了废纸篓。

改变员工的工作方式

对于管理者及其下属而言，提高技能、改变技能需要不断地努力。

管理者的职业之旅以一次次彻底改变他们需要掌握的各种技能为标志。在他们职业生涯的早期，管理者需要学会这一行所需的基本技能，比如会计学、IT技术、法律或者营销。人们多半会热衷于学习这些技能，因为：

- 他们知道自己尚未掌握这些技能。
- 他们知道掌握这些技能对事业发展至关重要。
- 这些知识都已记录成文，只要努力就能学会。
- 随着管理者职业生涯的不断发展，这些基本技能的重要性变得越来越低。如果有人仍然在编写代码或者在为审计进行盘点，那么他可能不是高级管理人员。

"无法指挥下属的管理者不是在管理。"

人际技能正变得日趋重要：要让别人为你做事。如果你无法让别人干活，那么你并没有在成功地进行管理。

只需简单地观察你所在组织的内部情况，就会发现有几位管理者在这方面做得非常出色，而更多的管理者则是介于平庸和糟糕之间。

最大的挑战在于学习并不断提高人际技能：激励、影响、授权、管理冲突、应对不同的工作风格，然而这恰恰是培训严重失败的方面。绝大多数管理者会说他们在忙着给家里的猫咪安排瑜伽课，或者找到任何一个可以想出的借口，也就是说他们无法参加你带着爱心设计的人际技能课程。与其他基本技能培训相比，人际技能培训所缺乏的正是动力：

- 大多数管理者不愿意承认自己的人际技能存在问题，参加培训被视为技不如人。大多数管理者认为自己善于与人打交道。
- 管理者认为这些课程与自己的职业生涯无关，他们更加紧迫地需要应对眼前的一些挑战。
- 所需的技能无法被人很好地领会，也缺乏高质量的著作，我们面对的是隐晦、无法言明的知识。一些江湖骗子和所谓的大师乘虚而入，声称自己已经找到了答案，可这些答案有的相互矛盾，而且很难说他们的解决方案就适用于你。无论是什么问题，无论是士气低落还是利润下降，他们总是给出同一个所谓的神奇的解决方案。

第四章 政治管理技能：获取权力，实现目标

我们大多数人相信经验，而不相信培训，这当然有道理。如果我们看到有人把某件事做好了，我们可能会照搬照抄。

这就给了管理者一些提示，让他们明白可以如何来提高自己以及团队成员的人际技能。方法主要有三个：

- **指导**。我们已经在第三章"指导：远离培训"部分详细介绍过。
- **同事小组学习**。让大家相互学习真正的成功经验（见下文方框中的例子）。小组学习的关键在于，启动一个有组织的观察与发现之旅。要集思广益，识别现阶段最实用的经验。如果做得好，这是有助于大家对自己的工作进行反思的机会。向同事学习既有可信度也具有相关性，这是外部人士无法相比的，但是这种学习必须精心设计好。
- **快速建立一个大后方**。优秀的管理者都有自己的大后方。在面临陌生的挑战时，他们有各种取之不尽的经验和视角。外部人员可以在这方面提供帮助——这些人不仅可以提出解决方案，而且可以提供不同的经验与视角。任何经验或视角都不可能适用于每个人，重点在于提供各种可替代的方案，让人们学到想学的东西。我在此大胆地自我介绍一下，我曾在巴布亚新几内亚和蒙古的原住民部落、北极的萨米部落以及非洲的图阿雷格部落（马里和利比

亚）工作过，那些地方的生存环境远比大多数商业环境艰难，所以我可以洞悉管理者们在各种环境中生存的不同方法。（见 www.ilead.guru）

> **同事学习小组实践**
>
> 让培训师给一群经验丰富的销售人员讲如何卖东西可谓是危险之举，因为销售人员往往认为自己对销售无所不知。而且，一旦涉及那些晦涩难解的人寿保险产品，培训师都会战战兢兢。于是，我们尊重销售人员的自信，给他们展示自我的机会。
>
> 我们首先分析了哪些销售人员最擅长向不同客户销售不同产品，我们和他们一起建立一个最基本的销售模型（见第三章"说服：如何推销"）。然后，我们把最出色的销售人员集中在一起，让他们在小组内分享自己的诀窍。这是他们的荣耀时刻，因此他们争相讲述自己的见解，而我们则将这一切详细记录下来。
>
> 我们整理了他们的见解，并将其在课程中加以推广，结果每个人都在这些顶级销售人员的框架和见解之上构建了自己的知识结构。其他人也迫切地希望能参与这些活动，了解顶级销售人员的秘诀以提高他们自己的销售业绩、增加年终奖。
>
> 活动结束时，我们有了一个销售模式，它在理论上根本站不住脚，但在实践中却所向披靡。

改变员工及其任务的组织形式

流程改变非常有效，但也常常造成使用不当。只要运用恰当，它能够在质量、成本和客户体验等方面帮助组织改善市场业绩。流程改变的核心在于换位思考组织的情况。大多数组织倾向于从功能的角度来思考问题，这也是人之本性。无论我们身处客服、物流、运营或任何支持性职能部门，我们都喜欢从自己的角度去看世界。这就很难达到下面两个目的：

- **成本效益**。你可以削减部门成本，但许多成本都是应其他部门的要求而产生的，你无法预见削减成本会对其他部门产生什么连锁反应。在缺乏流程重点的情况下，削减成本只是鲁莽之举，会引发政治领土保卫战，因为每个部门都会竭力保护自己的领土。经济衰退会引发成本压缩，就像外科大夫对一条患有坏疽的大腿进行截肢一样，病人可能会活下来，但不会更健康。
- **市场效益**。传统的功能世界观鼓励每个部门将其他部门视为自己的客户，而购买服务并支付账单的真正的客户却变得隐形且遥远。

成本低效和市场低效肯定无法带来成功。以流程为本可以颠覆以功能为本的思想，只需从头至尾观察整个流程（新产品研发、订单履行、客户服务、交易执行），你就能看到自己部门的活动与其他部门的密切联系。你很少能看到自己的工作是如何融入整个流程中的，比如从绵羊毛到服装店，或者从汤到浓缩汤块的整个过程。一旦了解了整个大局，你就能改善管理，就像在管理领域玩"说一分钟"的游戏。在这个游戏中，你必须说一分钟，不能重复同样的词，而且不得犹豫、不得跑题。这个游戏难度非常大。与"说一分钟"游戏类似的重组工程需要管理者重新设计核心业务流程，而且新流程要做到：

- 不能犹豫——避免任何迟疑。
- 不能跑题——避免任何无法带来价值的不必要活动。
- 不能重复——避免因低质量而返工。

新流程所带来的结果应该是——公司在面对"更好、更快、更省钱"的挑战时取得成功。

要想成功，流程设计就需要从客户着手。首先确定最佳的客户体验，然后以此倒过来开始。不要从手头已有的流程着手，因为这个流程可能不健全，不断改善不健全的体系只会造成不良现象存在得更久。要根据客户需求从一张白纸开始，这样才有机会成功地聚焦于整个组织。

"不断改善不健全的体系只会造成不良现象存在得更久。"

重新设计流程的负面影响也很大。在许多情况中，流程再设计已经变成了面带微笑的成本削减，而微笑只是一个附加品。它已经不再是什么好词，一提到流程再设计，人们便会想到花一大笔钱请一群初级顾问过来，帮你详细规划现有的流程，最终再把你解雇。

第四章 政治管理技能：获取权力，实现目标

成功的流程再设计是对企业的全面再造，它包括重新思考如何服务客户，重新设计流程，改进结构、奖励、考评和信息系统以支持新的流程，改变配套技能，以及改变大家的工作方式。这是一个雄心勃勃的大工程，需要很强的政治支持。很少有管理者会主动在全公司范围内启动真正意义上的流程再设计。如果你听说公司即将进行这样的流程再设计，那么你最好参与进来。如果你没有参与，那么你因此而失去工作的风险会大增。

> **业务流程简史**
>
> 1996年前后，西方国家重新发现了改变流程这门艺术，并将其称作流程再设计。日本在那之前已经推行了很长时间，只不过他们称其为"改善经营"和"全面质量管理"。日本的做法让西方国家颇为震惊，因为除了被裁掉的员工外，这种做法让所有人获益匪浅。
>
> 西方国家其实早就知道流程的重要性，但不知为何将其遗忘了。亚当·斯密在《国富论》（1776年出版）一书中就描述过在制造别针时，可以通过流程管理极大地提高生产率和质量。如果只有一名制作别针的工匠在执行整个流程，那么该流程不仅速度慢，而且效率低；如果有一组没有专门技能的工人，每个人只负责别针制造流程中的一个小环节，那么质量和生产率都会极大提高。亚当·斯密通过这次考察深入了解到了成功的资本主义和管理实践的核心——劳动力的专业化和细分。
>
> 从亚当·斯密到亨利·福特，这是一个很小的智力飞跃。福特通过安装和完善生产线，取代了单一工匠制造汽车。正如格罗斯特那些制造别针的人一样，福特发现组织有序的低技能工人，能够取得任何工匠都无法企及的质量和数量。

戴尔也展示了流程再设计的强大威力。刚从大学毕业的迈克尔·戴尔，面对着个人计算机市场上 IBM、苹果、东芝、惠普和康柏等巨头，他没有任何资源。或许是出于绝望，因为他负担不起任何库存，于是他决定通过订购的方式直接向公众出售他生产的电脑。他一举重组了整个行业，措施如下：

- 传统个人电脑的流程：制造，然后希望销售出去。
- 戴尔个人电脑的流程：销售，然后希望再生产。

这是一个简单的流程再设计，比设计师们的示意图简单得多。这一改变带来的效果是：

- 彻底解决了成品的库存问题。
- 提高了现金流入，因为客户先付钱给你，然后你再付钱给供应商。
- 彻底解决了成品库存、资产减值和减价出售等问题。
- 彻底解决了需要复杂的销售预测工具的问题。
- 通过取消高成本的中间商而降低了成本。
- 又快又好地掌握了客户及市场趋势信息。
- 打败了竞争者。

正如戴尔所示，出色的流程再设计有两个特点：

- 简单，不复杂。
- 以市场压力而不是内部压力为导向。

第四章 政治管理技能：获取权力，实现目标

大多数流程再设计都未能做到这两点。

改变人员的考评、奖励和认可方式

管理界两条最古老的格言今天仍然适用："没有评估，难以掌控"和"没有奖励，一无所获"。你的核心任务是评估和奖励正确的东西。如果你怕麻烦，那么可以试一试下面这些好办法：

- **根据处理客户电话的数量对客服中心员工进行评估**：当客服中心的员工三言两语就接完每个电话时，客户就遭遇了劣质服务。
- **将索赔要求的门槛降至最低**：你可以观察管理者是否为客户的索赔要求设置重重障碍（必须在购买后登记产品信息，必须提供原始发票、盖章的保修文件和原包装，必须支付天价邮资，必须提供证据以证明故障不受保修文件317项免责条款的约束，申请书必须得到包括你曾祖父母和曾外祖父母在内的8个人的同意和签字）。
- **根据贷款回收量来评估银行追讨人员的业绩**：如果你没有关注过贷款质量，那么你会发现放款很容易，但是收款很难。这是银行业的一个基本事实，本书前几版已经提醒过大家。这也是让许多高薪银行家束手无策的基本事实。

- **根据 KLOC（千行代码）来评估软件程序员**：要根据不易更改的复杂代码量，而不是根据数量较少、看似更优美更庞大的代码对他们进行评估。但如果用这种方法来评估文稿作者，你会陷入麻烦。

对于"我该如何评估业绩？"这个问题，唯一简单的答案就是"好好评估"。这是聊胜于无的简单办法。有时候，问题比答案更有用，以下是你可以提出的重点问题：

- **组织目前作为一个整体，最重要的是什么**？这可以为你的部门确定并重新注重奖励和评估提供背景。一定要确保你的目标与企业实现客户维持，成本削减，或者技能、人员和销售快速增长等目标保持一致。
- **真正需要评估的是什么**？对于自己希望得到的东西一定要慎之又慎。要时刻记住希腊神话中迈达斯国王的故事，他希望自己触摸到的一切都变成金子，可当他看到食物、美酒、妻子和情妇——变成金子时，却又开始咒骂自己的愿望。在现实生活中，你需要将金融、市场、组织和发展措施结合起来（见下文方框中的例子）。
- **人们将如何反应**？一定要想清楚人们的行为所带来的后果。人们会选择最短的路径来实现你的目标，而走捷径并不总是好事。

第四章 政治管理技能：获取权力，实现目标

- **我该如何认可并奖励业绩？** 人之本性很有意思。人们喜欢将过多情感和精力放在看得见、摸得着且可以掌控的事情上。这就意味着基本的薪水无法提高业绩，但是奖金、大奖、公司配车、荣誉称号和补贴却会非常吸引眼球。这些东西之所以重要，是因为它们在同事的眼里是实实在在的，是可以直接掌控的东西。

- **这个目标会带来什么意外后果？** 要想知道这个问题的答案，一个办法就是问问自己：如果你制订了相同的目标，那么你会玩什么游戏。弄清有哪些捷径、重点变更、毫无意义的成本削减或者数据使用，看看你可以运用哪些选项来实现目标。你要相信，如果你不这样做，别人肯定会的。

> **将高效的评估系统落实到位：从数据到信息**
>
> 我在乘电梯去见 CEO 的时候，为该公司的评估系统感到担心。在 3 楼，一名搬运工将一台轻型装载机推进了电梯，上面装着大约 30 公斤重的电脑打印材料。我问他那是什么，"这是本周给斯蒂夫（CEO）的报告。"他开心地说道。斯蒂夫其实根本不喜欢阅读。
>
> 我们一起去见了斯蒂夫，他对刚从门外送进来的那几千兆字节的垃圾连声抱怨。
>
> 于是我们坐了下来，我请他在纸张的一面写出他每星期真正希望看到的评估内容，结果他写满了一张纸。我们接下来开始查阅那一堆打印材料，发现他真正想看的却不在那些数据里。我们就这样

> 在不经意间发现了综合评价卡,却没有为它申请版权。斯蒂夫需要的是那些能够回答下列四个基本问题的信息:
> 1. 我们在财务方面表现如何?(业绩的滞后指标)
> 2. 我们在市场方面表现如何?(业绩的现有指标)
> 3. 我们公司内部的表现如何:员工、运营和质量方面?(业绩的现有指标)
> 4. 有没有什么新的测试、试点、研究、关键项目?(业绩的未来指标)
>
> 我们此时开始了改革。我们将斯蒂夫写的那页纸下发到公司各个部门,每名管理者都要根据自己所在领域的具体情况对其进行修改,同时确保收集到最高层所需的数据。一开始,许多纸都是可怕的空白:谁也不明白究竟发生了什么。数月后,他们才明白正在发生什么,并且开始上报材料。

改变员工的行为方式

文化变革通常都以失败而告终,但是,只要与环境相吻合,只要落实到位,有些变革项目也可以变得至关重要。许多组织内的文化已经失去了功能,这些组织仍然推崇那句古老的格言"组织可以帮助普通人做出不凡的成就",但是让不凡的人做出普通成就的组织大有所在。

"让不凡的人做出普通成就的组织大有所在。"

面临文化功能丧失风险的主要是一些老牌组织。这些组织臃肿庞大,自我幸福感很强,它们深陷老传统难以自拔。

第四章 政治管理技能：获取权力，实现目标

这种现象短期内没有问题，因为这些组织实力太强，雄霸市场，貌似无敌。然而，当一位暴发户突然到来，并且改变了游戏规则，传统巨头的第一反应就是否定，直到恐慌出现或者覆灭。恐慌至少还有生存的机会。

如果你想启动或者参与文化变革项目，那么下面是一些指导意见：

- **从侧面改变文化**。将精力集中在商业目标上，以便让大多数人团结起来。要想实现这个目标，你需要将一些有益的活动落实到实处，包括奖励、评估、工作方式、技能等。这自然会带来行为的变化。
- **一定要毫不吝啬赞誉之词**。要表扬所有正确的行为。如果某位店员退款给一位牢骚满腹的顾客，那就要表扬这位店员的主动性和以顾客为中心的做法（如果这是你想要达到的目的）；不要批评其他人缺乏主动性或者没有做到以顾客为上。人们慢慢地就会明白组织看重什么样的价值观。
- **运用文化变革杠杆**。奖励和评估系统在改变人们的行为方面非常强大。如果奖励是100%的提成，那么如果你有一支表现出色但道德标准低的销售队伍，也不要感到惊讶。
- **身先士卒**。人们会礼貌地聆听关于文化的演讲，因为他们没有选择的余地。但是一旦聚集到咖啡机

旁，他们很快就会判定刚才的演讲究竟是夸夸其谈，还是需要贯彻落实。要想将演讲内容变为现实，你需要将言辞变成决定，尤其是强硬的决定。

> **价值观转化为行动**
>
> 新校长想给教师灌输一种尊重个人的价值观，学校领导层讨论了这个想法，却没有人真正理解它的含义。有一天，有位教师让班上的所有学生在放学后留校，因为有人偷了东西，却没有人承认。校长问大家，如果整个班级都留校，怎么能显示对个人的尊重？之后，该学校再也没有发生过整个班级留校的情况。
>
> 同时，体育老师以压迫学生而恶名远扬。她似乎要让肥胖和患有哮喘的学生丢尽脸面，这也是不尊重个人的现象。但体育老师对自己的做法丝毫不让步，不久便决定离开学校。学校聘请了新的体育老师，他乐于帮助所有学生，而不只是那些身体最健康的孩子。
>
> 慢慢地，这所学校的文化发生了变化。整个过程没有巨大的突破性事件，也没有召开变革会议来处理个人和人际行为。相反，所有教职员工一起学会了尊重个人的真正含义。由于他们是自愿而不是被迫参与了整个过程，所以他们支持这种价值观，而这种价值观产生了效果。

推动进程：管理项目

大多数战斗在打响第一枪之前就胜负已定，大多数商战的情况也一样。在开始接受新挑战之前，一定要确保你已经为成功做好了准备。宁可用1个月的时间为项目的设立殚精

第四章 政治管理技能：获取权力，实现目标

竭虑，也不要用 12 个月的时间去痛苦地实现从一开始就无法达到的目标。高政治商的管理者会本能地花大量时间为成功制订计划，而没有头脑的管理者则纯粹是出于责任和义务而接受挑战。1 年后，高政治商的管理者在最高管理层的眼里代表着成功，而没有头脑的管理者则代表着失败。

"大多数战斗在打响第一枪之前就胜负已定。"

理论上，管理一个复杂项目最简单的办法就是聘用一位优秀的项目经理。你可以找到许多拥有 PRINCE2 资质（受控环境下的项目管理，一种事实上基于流程的有效项目管理方法）的人，他们对甘特图或工程网络图、风险和问题日志、关键路径了如指掌。你应该拥有并能随意使用这种出色的技术知识，以确保避免最明显的灾难。

管理者的首要任务不是管理流程细节。与变革管理相同，你的首要任务是确保为项目成功制订计划。要想成功，就必须：

- 找对问题并加以解决。
- 找到正确的后盾。
- 聘用正确的团队。
- 拥有正确的流程。

换言之，成功的项目管理所需的条件与变革管理相同，但项目管理流程所带来的挑战却与变革管理不同。由于这些内容非常重要，所以我们先简单地提示一下正确的问题、后盾和团

队等所需的条件，然后再着重探讨项目管理的正确流程。

找对问题并加以解决

如果问题错了，那么即便是正确的答案也一文不值。要想测试问题是否正确，最好的办法就是问一问，"这是谁的问题？谁关心并解决这个问题？"。

如果最高管理层无人对你想解决的问题感兴趣，那么你就得不到支持，就很难取得进展。相反，如果你在直接为CEO解决难题，那么你会突然发现事情容易多了：那些日理万机的高级主管突然之间能挤出时间来接待你，你能够将一流团队招到麾下，而且发现预算也神秘地出现了。

找到正确的后盾

从你的角度来说，好的后盾应该具备下列四点：

- **政治权力**：他们可以推动进展，也可以替你收拾残局。
- **经验丰富**：他们有着成功的记录。
- **个人利益**：你的项目必须对他们很重要。仅有利他主义还不够，进展困难时，你需要他们支持你，而不是一走了之。
- **值得信赖**：你需要确信他们会言出必行。

公司的CEO通常是坚强的后盾，因为他绝不会允许自己的项目失败，所以你会得到支持、预算和曝光度。后盾的任务不是运作这个项目，那是你的任务。正确的后盾为了项目成功，会确保让你得到正确的团队和预算，并且会在关键时刻伸出援助之手——比如你遭遇了冲击，或者需要汇报某个重要的里程碑事件。

聘用正确的团队

一个差的团队会事倍功半，而一个好的团队则会事半功倍。从你的角度来说，这便是成功与失败、天堂与地狱之间的区别。你要坚持寻找一流团队，而一流团队顾名思义总是在别处忙碌着。

正确的团队必须具备正确的技能组合，但他们也必须具有正确的价值观：主动性、动力、以人为本以及韧性。按照某位CEO的说法，"我雇佣的大多数人都是因为他们具备技术技能，而我解雇的大多数人是因为他们缺乏价值观和人际交往技能。"

正确的价值观其实是最少运用的选择标准，但是经常会带来灾难性的后果。如果你有一个高效、注重行动、敢于承担风险的团队，却添加了一个胆小如鼠、带有负面情绪、注重分析的成员，那么团队的技术技能再好也不管用——你很快就会见到一个死气沉沉、低效的团队。

拥有正确的流程

项目管理已经成了一个产业。幸运的是，管理一个项目并不需要掌握 PRINCE2 项目管理中的 40 项单独的活动以及 7 个主要流程。如果你下周恰好要修建一个核电厂，那么你当然会需要风险日志、问题日志、会议日志、活动日志、主日志、补救措施和海量的网络工程图和甘特图。但你的项目可能没有这么复杂，而且，如果你需要项目管理的专业知识，许多具有资质的项目经理都可以协助你。你作为管理者无需事必躬亲，你得找到正确的人来帮你干活。

在实践过程中，你将发现错误的流程是四者中危险最小的。只要找到正确的问题、正确的后盾和正确的团队，那么即便以错误的流程开始，你仍然会在必要时以坚定的意志和出色的技能改变进程。

优秀的项目管理不是把事情复杂化，而是把事情简单化。你可以从结果着手，重点关注应该得到的结果、对结果的评估方式以及如何知道何时成功了。要具体一点，因为这能让你和团队清晰地知道重点。

在弄清楚正确的结果之后，设计出抵达目标所需的最少步骤，这便是简单且关键的路径。产品创新的路径可以是这样的：研究机会/市场；设计产品；制造产品；销售产品；运输产品；开发票。然后，你再开始设计这条关键路径中每个步骤的具体细节。但是一定要关注大局，只有这样才能将重点放在重要事项上。你需要处理所有日常琐事，但是不要被淹没在这些琐事之中。

除了这条关键路径外，你还需要有效的治理流程，一定

第四章 政治管理技能：获取权力，实现目标

要正确地规划好。有些治理流程颇似当年的西班牙宗教法庭，你必须亲自去面对疑心重重的高级管理者，向他们证明自己的清白。他们只有在项目更新的时间节点才会过问，这意味着他们需要聆听大量汇报，因为他们担心自己并不知道真正情况如何。于是，他们要求你提供更多细节，给你提出更多挑战。这是老一套的命令加控制的做事方式，对你没有任何帮助。也就是说，你在准备各种报告上所花的时间与在项目上所花的时间一样多。

与其建立传统的汇报关系，不如设立一个指导委员会，并让其扮演顾问小组的角色。他们不是来控制你的，而是来给你提供建议、支持你的。你要拉进团队的不是一些若即若离的高级管理者，而是一些利益相关者，那样他们就会更加卖力，也会更乐于看到项目成功。即便是财务这样的小组也会对你的成功感兴趣：他们一旦确定你在项目启动之初递交的财务数字确实有望让你得到最终的奖励，就会想方设法地让你知道，他们的工作一直与你的项目相关，所以他们值得你的尊重。你一方面希望得到指导委员会理所当然的支持；另一方面也希望把一些潜在的麻烦来源纳入指导委员会。财务如果没有参与进来的话，可能会给你带来麻烦；但如果他们参与进来，你就能提早得知他们担心的一些问题，并且能够与他们合作解决这些问题。

如何管理项目

1. 从结果着手

明确最终结果，建立一个商业案例，确定回报的规模，并量化机遇。

2. 回答正确的问题

明确目前所面对的问题与机遇，确保这个问题或机遇的重要性、急迫性和相关性。

3. 与正确的客户合作

确保这个问题或机遇属于希望问题得到解决的那个人。只有这样，他才会支持你，有动力为你安排强大的团队和重组的预算。

4. 建立自己的同盟

辨别组织内可能帮助或者阻碍这个项目的利益相关者，了解他们的需求和期望值，争取得到他们的积极支持。

5. 组建一流团队

确保团队每名成员都是最杰出的人才。如果你只能得到二流团队，那么你不妨反思一下，自己的项目在大人物眼中是否真的重要。

6. 分解任务

将项目分解成一个个简单的短期小任务，使团队每个人都有能力完成自己的任务。

7. 给各项任务排序

理清各个任务之间的从属关系：需要先完成什么，然后完成什么。制订时间表，列出明确的最后期限和时间节点，以此来跟踪并确保一切按序进行。

8. 有效监督

将正确的治理方式落实到位：确保关键的利益相关者参与并支

续

> 持项目；定期提前更新每一个关键的最后期限，以便及时采取补救行动。避免过度监督和麻痹疏忽。
>
> **9. 管理好主要风险、问题与障碍**
>
> 要为重大挑战制订应急措施。避免风险日志和问题日志方面出现文牍主义，即事无巨细一概记录下来。
>
> **10. 立即行动**
>
> 立即行动。寻找一些取得的初步胜利并告知团队，向他们展示进展情况，赢得团队的支持。

非理性管理的艺术：不讲情面

在一个完美的世界中，管理者或许能时刻保持理性。然而我们并非生活在一个完美的世界中，因此管理者也并非时刻能保持理性。最优秀的管理者会有选择性地保持理性和严苛，严苛并不一定就是蛮横无理、咄咄逼人、对人不对事，并且让所有人度日如年。而最糟糕的管理者则总是非理性和冷酷无情的。这种人很多，他们到处树敌，而这些敌人巴不得看到他们失败，并且会在出现机会时对他们落井下石。

"最优秀的管理者会有选择性地保持理性和严苛。"

如果你问一些高层领导他们是否过于严苛，他们几乎总会矢口否认，因为他们不喜欢被别人视为冷酷无情。但是你只需看看他们的行为,就会明白他们只是在万不得已时才会这样(见下文方框中的内容)。他们即便不承认自己严苛,也会承认自己比较强硬。大家不妨试着去发现这两者之间的区别。

要想行之有效,就需要知道何时应表现得严苛(以及何时不能表现得太严苛),还需要知道如何做到严苛。

是严苛还是强硬?

亚历山大·弗莱明在两次世界大战之间发现了青霉素,但事实证明它很难批量生产。最终,在第二次世界大战期间,人们终于开始大量生产青霉素。

最早生产的一批青霉素运到了北非,因为英国人当时在那里与德国人交战。英国将军无法确定如何最佳使用这种新的神奇药物。当时有一些伤员需要大量青霉素,但即便是注射了青霉素,一些伤员仍有可能死去;而另一些伤员即便没有注射青霉素,却仍有可能活下来,这是谁也无法预测的。还有一些士兵在开罗和亚历山大港的花间柳巷寻乐时染上了梅毒,虽然治疗这些士兵用不了太多青霉素,但是将青霉素用在他们身上根本不值得。

将军们给伦敦发去了电文,征求丘吉尔的意见。

他们该如何抉择,是拯救那些英勇作战的士兵,还是拯救那些花天酒地的士兵?

丘吉尔的答复清晰明了:要从"最佳军事利益"的角度来使用药物,尽快让尽可能多的士兵重返前线。花间柳巷的士兵全部治愈归队,而那些负伤的英雄却只能听天由命。

成功并不一定总是源自春风细雨。

第四章 政治管理技能：获取权力，实现目标

何时表现出非理性和严苛

孙子的三条兵法可以在这里重新派上用场。只有在满足下列三个条件的情况下才能作战：

- 师出有因。
- 战则必胜。
- 别无他法。

值得人们表现出严苛的时刻便是风险最高之时，比如：

- 商谈预算。
- 设定目标。
- 组建团队。
- 任命与晋升。

简而言之，只要任务恰当、团队高效、预算充足、目标合理，这场战斗就已经赢了 80%；如果任务出错、团队混乱、预算紧张、目标荒谬，那么你可以考虑另谋职业了。虽然你还会面临其他战斗，但是不要将自己的时间和精力浪费在一些无足轻重的小争端上。即便在这些小争端中获胜，你有可能会失去一个朋友，并且会在大战开始时付出沉重的代价。在面对小争端时，要表明自己的立场，然后做出让步，最好是通过协商为自己的让步赢得一些回报。

如何表现出非理性和严苛

纯理性的人很少能取得巨大成就。看看历史上的英雄，就能发现他们当中鲜有理性的人：从查理曼大帝到丘吉尔，从成吉思汗到肯尼迪，你会发现这些伟业都是由那些实现了不可能的事情的人塑造的。像让·保尔·盖蒂和比尔·盖茨这样的大企业家也都不是谦逊之辈，他们不仅要赢，而且要大赢。在你的组织中，你大概也知道那些取得巨大成就的人，他们很可能属于那类更不讲情面、更不理性的管理者。与此同时，许多理性且正直的管理者发现自己被边缘化了。

不讲情面并不一定就会引起不快，关键在于要明白一点：对于目标可以保持非理性和严苛，但是对于实现目标的方法可以保持理性。下面便是你需要强硬的时刻。

协商预算

要明确可接受的预算目标以及背后的原因，然后坚持立场，寸步不让。如果必须做出让步，必须通过协商在其他方面得到弥补。一定要明白任何改变所带来的后果与风险，要让对方觉得偏离你的立场极具风险。

"如果必须做出让步，必须通过协商在其他方面得到弥补。"

尽早设定期望值，在正式开始协商预算之前，先确定好在哪个层级上商谈合适（见第二章"制定预算：业绩中的政治"）。

要运用正式和非正式的渠道来表明你的立场。不要依靠正式的人事流程来得到你想要的结果，要对幕后的关键决策者进行游说。一定要有一个能打动他们的说法，决策者将会支持你，但你要为自己的行动步骤排出一个先后顺序——理由、预算数字、他们的手下。如果你信誉度很高，理由也很靠谱，那么你应该能如愿以偿。

确定目标

确定目标与协商预算正好相反，但协商预算的原则在这里同样适用。要时刻将这两者当作相互参考的对象，预算如果有变化，目标也要跟着有所变化。

如果你是在给团队设定目标，那么协商预算过程中的原则也同样适用，但目的是要达到相反的结果：在不会真正让团队崩溃的情况下，尽可能给团队设定压力最大的目标。

组建团队

一定要把打造一流团队当作追求的目标。通常，新分配来的员工都是未经过考验和测试的，还有一些经过测试却发现不合格的员工。

口头上要肯定正式的人员分配流程，但是心里要为绕过该流程做好准备。向那些你希望能纳入团队的人抛出橄榄枝，激发他们的热情，帮助他们脱离现有岗位。要发现那些能力出众却因现有管理者深感苦恼的人，然后给予培养，哪怕你暂时还不需要他们。当你真正需要他们的时候，如果你已经与他们建立起了良好的关系，而且他们信任你，那么事情就会变得容易得多。

给大家以鼓励，这当然不会造成人们的不快。不要过于关注为什么某人把事情搞砸了，而要关注他能把什么事情做好、能在什么（别的）地方充分发挥才能。时刻留意组织内部的情况，看看什么地方有空缺（你可以把这些人调往那些地方）。关注一个人的优点对这个人而言是件好事，也意味着你可以让他更快地成长，与关注缺点相比，可以少一些矛盾。

任命与晋升

运用你的关系网，要及时发现何处、何时会出现你感兴趣的任职机会。在许多项目中，早期阶段的预算都很少，你需要依靠自身的努力去应对局面。要贡献你的时间，控制项目的规模，让项目适合你的需求。如果项目的结果是你想要的，那么在这个你为自己量身打造的项目中，你就能扮演元老的角色。要让未来的上司知道，如果有机会为他们工作你会多么兴奋。同样，如果有噩梦般的任职机会出现，一定要让自己显得无法脱身，而且正全身心地忙于重要工作。

找到后盾。晋升到顶层的一条捷径便是追随某位如日中天的高管，他们也需要可以信任和依靠的团队。如果你足够

第四章 政治管理技能：获取权力，实现目标

聪明，可以有多个后盾，这样一来，如果你的主要后盾出了问题或者离开该组织，你不会处于孤立无援的境地。主动利用空闲时间去做一些有意思的零星活，这也是引起高管们注意和欣赏你的捷径。

尽早与上司确定自己的职业规划，然后不断加深上司对你职业规划的印象。与上司讨论的核心议题应该是"我该怎么做才能得到晋升"。上司通常不喜欢被这样追问，但这种交谈可以起到以下作用：

- 明确有可能含糊不清的事情。
- 迫使上司认真对待你的职业发展前景。
- 让上司在时机到来时很难不让你晋升。

管理上司：以及难对付的人

在扁平化组织的新世界中，你得与那些比你拥有更大权力和影响力的人共事，你必须找到办法来积极地影响他们。

对于你来说，也许要管理的最重要的掌权人是你的上司。上司总是令人很头疼，这个世界上永远找不到如何应对上司的手册，而且每当出现问题，总是你的过错。你没有权力压制上司，而上司却有很大的权力压制你。换言之，上司是你培养自身影响技能的完美练兵场。如果你能够很好地影响你的上司，那么也能影响其他掌权的人。

我们将在本节中探讨如何：

- 管理上司。
- 对上司（或者其他掌权的人）说"不"。
- 管理不近人情的上司。
- 应对不讲道理的同事。
- 影响高层人士。

如何管理上司

我们在职业生涯的某个阶段都会遇到糟糕的上司，这种经历令人不快。上司是否真的有错并不重要。上司有权，你有问题。好消息是，只要能学会管理上司，哪怕你没有什么权力，你也能管理所有人。

"上司有权，你有问题。"

一开始可以从上司的角度来看待世界。如果你有团队，可以考虑从团队成员的角度来思考自己的追求，很可能上司也想从你身上寻找到大致相同的东西。以下是上司通常希望在团队身上看到的：

- 可靠。
- 诚实与忠诚。
- 主动。
- 勤奋。

第四章 政治管理技能：获取权力，实现目标

这些要求门槛很低，但许多人却倒在了这些地方。管理上司的基本原则其实很简单：

- **可靠**。你得表现出很好的业绩。无论你的政治商有多高，如果你完全无能，那么任何东西也救不了你。出色的职业生涯管理既涉及风格，也涉及具体的行动。

- **确定好期望值并深入沟通**。这是可靠度的另一面。可靠不仅要求你完成期望值，而且要求你管理好这些期望值。任何上司都不会真正了解你的能力。他们不会知道你能接受什么样的工作负荷，因为在今天的组织中，大多数工作的性质都模糊不清。你需要告诉上司你能做哪些工作，哪些工作超出了你的能力范围，你什么时候需要帮助，什么时候工作过度或者工作强度不足。尽早与上司一起确定这些期望值，免得上司以后感到意外。上司可不喜欢意外，因为意外通常都不是好事。如果出现差错，尽早亮明问题，以便采取补救措施，也免得小情况演变成危机。

- **忠诚**。大多数上司都比较讲道理，也会原谅他人，他们知道出了问题。虽然许多过错都可以原谅，但背叛不在其列。一旦上司不再信任你，那么你和上司分道扬镳只是个时间问题，而且通常对你不利。背叛并不仅仅是在上司背后捅刀子，它包括在关键

时刻没有支持上司，说上司的坏话，或者人在曹营心在汉。忠诚可能是件很痛苦的事，但对于职场生存却至关重要。忠诚的核心在于信任，我们将在后面看到信任公式，即信任是一致性（我们是否有相同的价值观和重点？）与可靠性（你能有言必行吗？）的函数。一旦建立起信任的纽带，任何管理者都会希望你留在团队中。

- **主动**。要积极主动。即便你没有问题，上司也有大量自己的问题。在遇到问题或挑战时，可以向上司提出来，但同时要提出解决方案。即便不是最佳解决方案，上司也会感到欣慰，因为你带来的不是问题，而是解决方案。

- **勤奋**。上司知道谁在投入额外精力，谁没有。并非所有工作都那么光鲜，日常管理工作枯燥乏味。你给上司的帮助不仅要体现在干大事上，还应该体现在处理微不足道的小事上，这样才能让上司有时间去处理其他事务。

- **让自己适应上司的风格**。如果你不喜欢上司的风格，那是你的问题，不是上司的问题，你得找到办法适应上司的风格。如果上司注重细节，不喜欢冒险，需要频繁最新资料，而且上午的状态最好，那么你需要设定闹钟，早早起床，努力满足上司的需求。如果上司是甩手掌柜，注重大局和目标，并且在傍晚时状态最好，那么你会有很好的机会来了解不同的工作风格。

如何对上司说"不"

如果你想掌握自己的命运，那么你必须学会对上司说"不"。如果无法做到这一点，你只能忍受上司心血来潮和武断的想法。如果上司和蔼可亲，有良好的判断力，那么你会发现自己在制订正确的计划，在解决正确的问题。但是，向上司说"不"在你漫长的职业生涯中不会永远给你带来好处，这是一门需要学习的艺术。

对上司说"不"比拒绝组织其他部门的想法还要难，而且忽略上司比忽略同事更难。如果你与上司走得很近，那么直截了当并不是坏事：说"不"，然后解释原因，而且要采用上司能理解的方式，只有这样，他们才会意识到你让他们停手其实是在为他们考虑。在你说"不"的时候，既要对终止活动的风险和后果有清晰的了解，也要想办法提出替代方案。保持积极的态度非常有必要，尤其是在遇到负面消息时。除了问题之外，你还需要提出解决方案。

"保持积极的态度非常有必要，尤其是在遇到负面消息时。"

因此，你需要解决问题，而且是与上司一起解决问题。

这场游戏的挑战在于不必明着说"不"就表达了"不"的意思。不要忘记说"不"时的三个"P"字母：优先事项（priorities）、流程（process）和人（people）。

优先事项

你可以用优先事项这条借口为自己赢得时间，而不必强迫自己去正面反对上司的想法。这也可以迫使上司思考启动新项目的后果（别的项目必将沦落到次要地位），他必须艰难地选择哪些项目最重要、最紧迫。即便你完全支持他的想法，你仍需和他一起讨论。一般来说，讨论优先事项时肯定会引发下面两个问题之一：

- 这个想法如何与其他优先事项匹配？你希望我为了这个想法推迟哪些项目？
- 我们应该在完成某某（更加紧迫并且/或者已经进入关键阶段）项目之前还是之后启动这个项目？

流程

讨论流程也可以带来非常积极的效果，可以让上司看到你不仅思考问题，还在思考解决方案。同时，你仍然在迫使上司与你一起讨论潜在的风险、后果和替代方案。这种讨论可以慢慢将一个坏的想法变成一个好的想法。良好的流程讨论经常以下列问题开始：

- 我们能换一种方式吗？（更好、更快、成本更低、

第四章 政治管理技能：获取权力，实现目标

风险更小）
- 我们怎样安排流程才能成功？（人员、预算、时间，都与优先事项相关）讨论时不要轻易让步。讨论的结果要么是放弃这个项目，要么为成功做好准备。如果是后一种情况，你可能想自己启动它。

人

这里涉及的是适不适合的问题：你是否适合这个项目？你可不想过于频繁地与上司讨论这个问题，因为上司会开始怀疑你的能力。不过，这确实是一种委婉的方式，可以让你避免与上司的想法发生直接冲突，如果你心中已经有替代的方案，它会非常有效。一种不错的做法是建议让其他人来负责这个项目，但必要时你会挤时间来帮助、支持和指导他。这样你就避开了去前线冲锋陷阵，又不会让人觉得你不支持。可以提出的问题包括：

- 谁是这个项目最理想的负责人？
- 我怎样才能提供最佳的帮助？以什么身份（最好不要负责项目）来参与？

如何管理不近人情的上司

严苛的人并非就是坏人。我们已经看到，所有领导在某些时刻都需要表现得非常严苛。

面对一位严苛的上司，你最好区分他究竟是行事风格比

较严苛，还是为人比较严苛。一般来说，你会发现两种严苛的情况：为实现个人目标而严苛的上司，以及为实现组织目标而严苛的上司。与这两种人共事都会让人感到不舒服，因此，你最好先弄清楚你在与哪一类严苛的人共事。

为组织利益而待人严苛	为个人利益而待人严苛
选择性争斗：重大利益	争抢所有的利益
对于结果一成不变，对于方式灵活多样	对于结果和方式都一成不变，"只能是我的方式"
注重业务需求	处理问题和挑战时加入个人因素
注重未来，懂得双赢	营造相互责备的文化，非赢即输
施加压力但给人以机会	打压下属，制造恐惧的气氛
言出必行	言而无信
持之以恒地追求目标：值得信任	根据个人需要不断改变目标
对组织和自己都有远大理想	只对自己抱有远大理想

管理非常不理性的管理者

通情达理的管理者通常很容易与之共事。他们设定合理的目标，并期望你按部就班地工作，你只要不把事情搞砸就没事。不近人情的上司则会提出更高的期望值，他们想要更多成果，自然会给你以及团队施压。不过，在如何实现目标这一点上，他们会给你们一些自由：遵守流程在他们的优先事项清单中排名不高，万一你偶尔出了差错，只要他们相信你仍然能够超常发挥，他们更有可能原谅你。

第四章 政治管理技能：获取权力，实现目标

如果你为这样的上司工作，那么你需要遵守前文已经介绍过的管理上司的一些标准原则。此外，你还需要有更出色的表现。这不是坏事，因为你可以拓展自己，学到东西，不断成长。上司通常会支持你。

你所面临的挑战在于：你需要确定在奖励和晋升方面，这个上司是否值得你信任。你可能已经投入了额外的精力，学到了东西并且成长，但上司究竟会给你奖赏，还是会认为你所做的一切是理所当然的事？要想确定这一点，你不妨观察上司以往的所作所为，而不是他说过什么。如果上司有着在关键时刻支持团队成员的良好记录，那么你可以相信他所说的话。如果上司更注重任务而不是团队，那么你一定要小心。你或许喜欢学习和拓展自己的过程，但你的职业生涯不会有很大的发展，要留意是否有另一位上司可以给你提供更多帮助。本章"管理你的职业生涯：职业生涯既是名词也是动词"一节将介绍这一点。

管理不可理喻的上司

这类人常常是工作场所的权力巨头，他们营造自己的权力小王国。你要么成为他们的一部分，要么成为他们敌人的一部分。如果你是团队的一员，那么你必须百分之百地忠诚于权力巨头，并为之效力。

应对这类人最简单的方法是向魔鬼出售灵魂：与其签约，然后按他们的规则行事。权力巨头需要忠心耿耿的跟

班，你只要追随这位巨头就可以飞黄腾达。但是，如果签约，你需要判断这位权力巨头是否能成功，是否值得信任。如果你认为他们可能会失败，可能会弃船潜逃，或者你不相信他们，那么你将面临一些艰难的选择。

短期内你必须与魔鬼共同生活。陷入愤怒、挫折和沮丧等负面情绪之中对你而言无济于事。你的业绩将受到影响，梦魇般的上司甚至会对你变本加厉，你会陷入恶性循环，最终的结果只会是黯然退出。记住，你的首要目标是生存。

"你的首要目标是生存。"

你可以选择继续留下，比上司熬得更久；也可以争取时间，体面地以自己所定的条件跳槽到另一个上司的麾下，或者另一个部门或组织中去。与此类上司相处有几个简单的生存技巧：

- **忠诚**。背叛是所有管理者最无法容忍的头等大罪，因为它切断了信任的纽带。忠诚意味着时刻支持上司，哪怕是在他做出不得人心的决策时。这意味着不要私下里说上司的坏话，说出去的话最终会传到上司的耳朵里，然后你就完蛋了。
- **奉承**。"恶魔"都非常自负，需要人们不断拍他们的马屁，要让"恶魔"相信你是忠诚的追随者，想学到他们的"邪恶秘诀"。他们会关照你，至少在他们决定将你抛弃之前会关照你。
- **杜绝情绪化**。无论恶魔上司如何攻击你，都不要以牙还牙。要与上司一起关注解决方案、行动以及组织的未来。改变恶魔上司的计划，通过不断塑造角色，让上司将重点放在行动、解决方案和未来上。
- **苦熬**。公司的人事变动非常快，你可以从不同的上司那里学到许多东西，哪怕全是负面的教训。
- **准备逃生路径**。在组织中寻找其他后盾以及其他机会，在正确的时间去竭力争取。向恶魔上司解释你只是寻求正确的个人发展机会和经验。假装你喜欢在他的手下工作，但是你希望获得新的工作体验。

如何应对不讲道理的的同事

组织并非总是快乐的家庭，而且每个家庭也并非都其乐融融。你会遇到一些同事，他们认为政治就是在背后捅刀子、拉帮结派、让别人看起来很糟糕、时刻自吹自擂。他们为了达到目的会高兴地欺骗，而且正是因为他们经常欺骗，所以他们在这方面很擅长。他们似乎没有任何道德标准和良知，他们是反社会者。虽然估计数据不尽相同，但多达5%的员工有一定程度的反社会倾向。虽然这个比例不大，但他们对组织以及对你产生的影响却与这比例极不相符。

面对挑战时，人们很容易做出情绪化的反应。如果你这样做，那么你就输了；如果你以牙还牙，你是在以他们的方式反击，他们在这方面经验丰富，必然会赢；如果你逃跑，那么你只会成为新的受害者，再次一败涂地。那么，既然无法针锋相对，也无法逃跑，你还有什么别的办法？

首先要控制自己的反应。记住，你永远都可以选择自己的感受和反应。如果有人不断骚扰你、冒犯你，你当然会感到愤怒和烦恼。但是没有任何法则告诉你必须感到愤怒和烦恼，那是你自己的选择。

如果你关注他们的行为，你很难做到不会有情绪化的反应。相反，你可以选择将注意力集中在手头的工作和问题上。这可能会让他们感到气恼，因为你不按他们的套路出牌，他们想让你把注意力从一个问题转移到另一个问题上。你只要保持积极主动，只要显得很专业，他们同样会感到气恼，因为你的表现不是他们喜欢看到的反应。要扮演良好行为的角色，将注意力集中在核心问题上，这才是你的领域，即专业管理的领域。只要你坚持这一点，那些反社会的家伙就会度日如年。

下表总结了不同的方法。记住，你可以选择自己如何反应，所以要选好。

类别	被动受害者	自信的领导	好斗的反社会者
特点	允许他人替你选择；羞涩，注定失败	自主选择；诚实，自我尊重，争取双赢	替他人选择；肆无忌惮，自我膨胀；我赢，别人输
你的情感	焦虑，被忽视，被操纵	自信，自我尊重，专注于目标	以我为尊，总是唱反调，喜欢控制他人
你给他人的感觉	负疚感或优越感，他人在你面前有挫折感	重要且得到尊重	被羞辱因而充满怨气
你在他人眼里的形象	缺乏尊重；不知道自己的位置	受尊重；知道自己的立场	爱报复，让人害怕，愤怒，难以让人信任
结果	失败且付出代价	取得双赢	获胜但以牺牲他人为代价

表4.2 选择你的方法

如何影响高层人士

在与高层人士打交道时，人们很容易得高原病：呼吸短促、头疼、全身不适和头晕。它可能会给你的职业生涯带来致命的后果，这些感觉其实根本没有必要。

- **从他们的角度去看世界**。高层人士需要你，你的一些想法、分析或计划有可能帮到他们。要确保你的想法很宏大，足以引起他们的兴趣，或者至少与他们所追求的大计划相吻合。事先做好功课，听取别人的意见，了解他们的大计划以及你的想法如何与之相吻合。如果你只有一个减少回形针使用量的计划，那么别指望这个计划会引起高层人士的太多兴趣，他们关心的是其他事情。大胆设想才会有回报。

- **保持积极，甚至充满激情**。在一些组织中，激情被视为一种可证明的精神障碍。但是同样的，大多数组织以及大多数人根本抵挡不住激情，因为激情具有传染性。如果你对自己的想法充满激情，其他人也会相信这个想法一定很好；如果你对自己的想法缺乏激情，那么不要指望别人会为你充满激情。在高层人士习惯于处理大问题的世界里，能见到一个充满激情、积极向上的人带来解决方案和想法，这宛如一缕新鲜的空气。他们不仅会从你所说的内容，还会从你的外表来判断你，所以一定要注重自己的行为和衣着。

- **充当他们的合作伙伴**。如果你表现得像下属，他们也会将你当作下属。所有层次结构都包括一系列上下级关系，这对于上级而言很好。但是羽翼丰满的人不喜欢被当作下级对待，这也是许多工作场所功能失调的原因之一。表现得像上级的合作伙伴：你有他们需要的东西。即便你是在推介投资，你也有他们需要的东西。你有一大笔投资，他们会为你将投资带给他们而感到幸运。你在这种关系中不是乞求者，不是供应商，也不是下属，你是他们的合作伙伴，所以要扮演好这个角色。

- **掌握汇报技术**。汇报技术掌握得越好，你就会变得越自信、越放松。掌握汇报技术不仅仅指掌握所有细节，还指了解高层人士的真正需要，了解他们的大局以及你在其中的角色，并且知道他们会问什么问题。他们关注的是大事，不是细节。如果你只注重细节，那么他们提出的关于大局的问题会让你茫然不知所措。
- **时刻准备好**。你永远不知道什么时候会碰见一位高层人士。如果你愿意，你可以和他聊聊天气，但如果你有所准备，你可以即兴与他讨论你计划中的实质内容（见下面的案例）。

"仙后"出手

我当时在处理一款名为"激爽"的香皂，没有管别的事。突然，一个身影出现在我面前，那是CEO。他正在巡视：到处转转，看

> 看营销部的人做得怎么样。他问我干得怎么样，我说了些无关痛痒的话。他接着走到下一个小隔间，那里坐着仙子洗衣液公司（Fairy Liquid）的经理。
>
> CEO 问她干得怎么样，她顿时来了精神，说道："嗯，尤尔根，我真的很高兴您能过来，因为我正找人给我们计划的这个新促销方案提建议……"CEO 尤尔根自然很高兴帮助这位"仙后"，他最初也是做销售的，因此巴不得让大家看看他仍然懂这一行。
>
> CEO 巡视之后，"仙后"那个颇有争议的新促销方案以破纪录的速度得到了所有部门的批准：谁也不会反对 CEO。数月后，我那比较低调的方案却还在慢慢走程序。"仙后"没有把 CEO 当作老板，而是将他当作自己的合作伙伴，在他到来时早已做好了出手的准备。
>
> 在应对高层人士时，要当他们的合作伙伴，并且要随时准备出手。

管理职业生涯：职业生涯既是名词也是动词

对一些人而言，职业生涯是个名词，描述了你从热情的高校毕业生到退休时稳步发展的整个过程。届时，对你满怀感激之情的老板还会赠送你一个旅行钟，以纪念你 40 年的忠诚服务。对另一些人而言，职业生涯是个动词，描述了你在不同工作和老板之间经历的那种坐过山车的感觉：高峰时很高，低谷时很低，退休时也没有旅行钟做纪念，只留下许多回忆。

第四章 政治管理技能：获取权力，实现目标

不管你是选择一种职业，还是选择一辈子在职场中闯荡，你都需要管理好自己的职业生涯之旅。即便是最出色的管理者，他们在管理自己的职业生涯时也会不尽人意。每当有成就不如他们的同事超越他们、升到高层时，他们便会倍感失落。你只需有一点点政治商，就能管理好自己的职业生涯。职业生涯管理虽然无法替代出色的业绩，却是一种能够确保你因为业绩出色而被认可的办法。

"职业生涯管理无法替代出色的业绩，却是一种能够确保你因为业绩出色而被认可的办法。"

下列方框总结了管理职业生涯或者在职场闯荡的成功经验：

管理职业生涯

- 寻找自己的追求：只有在自己喜欢的领域才会出类拔萃。
- 寻找正确的组织：获胜与价值观。
- 寻找正确的角色：去有机会的地方。
- 寻找正确的上司：避开"死亡之星"。
- 寻找正确的岗位：量力而行。
- 建立自己的关系网：始终有备选计划。
- 提高技能：要活到老学到老。
- 建立声誉：并为此据理力争。
- 扮演角色：然后成为该角色。
- 掌控自己的命运：否则别人会掌控你的命运。

我们接下来将详细地探讨上述各个方面。

寻找自己的追求

管理是项艰苦的工作，偶尔也会令人兴奋、刺激甚至令人害怕，但常常枯燥乏味。遇到真正的关键时刻，我们都能连续数周甚至数月保持旺盛精力。然而职业生涯不是短跑冲刺，而是一场马拉松。你得数十年保持旺盛精力，而不是数日。你得不断投入、自发努力，而这只有在享受现有职业的基础上才能做到。

享受与工作这两个词很少能联系在一起。一些行业强调工作与生活相平衡，但它们都依据于这样一个不言而喻的前提，即工作不是一种享受，所以应该减少。你上次是什么时候听到某位追求工作与生活平衡的大师提倡更多工作的？

享受工作不能与享受社交活动相提并论，享受工作指从工作中得到成就感和满足感。我们可以做一个简单的测试，看看时间过得多快。当你感到无聊时，你会觉得一个小时漫长得像永恒。当你聚精会神地做某件事时，你会觉得时间飞逝。如果你沉浸在自己的工作中，那么你已经迈上了在工作中寻找意义与满足感的道路。这种成就感不一定来自改变世界，你可以观察那些匠人在制作器物时的表现：他们经常全神贯注于手头的工作，对外面的世界视而不见。无论你的追求是什么，一定要找到它。

我与一些高管共事或者采访他们时，经常听他们抱怨工作有多累：晚上工作到很晚，还要远距离出差。但这只是表

第四章　政治管理技能：获取权力，实现目标

面现象，是他们炫耀自己的方式。你只要听一下就会发现，他们其实享受工作时的每一分钟。他们最害怕的是退休，因为一退休他们就会失去意义和目标。这与顶级运动员的情况相同，他们或许会抱怨无休无止的长时间枯燥训练，但这个世界上又没有别的他们愿意做的事。

当然，你需要非常努力才能出类拔萃，有望进入顶层，只有真正享受这一过程才会做这些事。你只会在自己真心喜欢的领域卓绝群伦，所以要找到你喜欢的领域。

寻找正确的组织

世界上没有完美的领袖，同样也没有完美的组织，凡事都会有得有失。雪上加霜的是，你事先永远无法知道自己会落入什么样的陷阱，等你发现时已为时已晚。每一位老板都喜欢向世人展示他最好的一面，而你只有在加入他的公司之后才会发现真实情况。山那边的青草总是看上去更绿。所以你要记住，只有雨水最多的地方，青草才最为翠绿。你无法拥有一切。

知道自己要寻找什么，你就能化不利为有利：

- 这家公司会成长还是会失败？
- 我能在那里学到有用的技能吗？
- 我以前的成绩会被认可吗？
- 这家公司的文化适合我吗？

请注意，上面并没有列出薪水。如果你依据次年薪水提高 10% 来决定自己的职业生涯，那么你就大错特错了。如果薪水很重要，那么你可以从长远的角度来考虑，问自己"我如何才能在 10 年内挣到目前薪水的 10 倍？"。这个问题可以让你更好地测试面前的各种机会，以及要做什么才能成功。如果收入确实没有逐年递增的可能性，那么今天 10% 的薪水增加对你而言根本无济于事。

这家公司会成长还是会失败？

我们先假设你面前有两个选择：你可以加入 X 公司，但这家公司在一个不断萎缩的市场上所占的份额也在不断萎缩；你也可以加入 Y 公司，这是一个在不断增长的市场中不断成长的公司。假定其他一切相同，你很快就会想明白加入哪家公司。哪里有成长，哪里就有机会；哪里有萎缩，哪里就有危机。对这家公司进行战略分析：它是否有不公平竞争优势？它是否属于不断发展的产业？要透过公司光鲜的公关宣传看清它未来的前景，然后做出决定。自己独立进行研究，问一问曾在那里工作过的人，或者在业内打听这家公司。查找业内报告或媒体报道，你只要寻找，就会发现大量独立的建议。

我能在那里学到有用的技能吗？

职业保障不再取决于你是否忠诚，而是取决于你是否符合某个岗位。只要你具有正确的技能，并且时刻更新这些技能，就不断会有公司要你，你也能不断发展自己的职业生涯。如果没有正确的技能，你只能依赖老板的善心，而那将会令你处于十分尴尬的境地。

你不仅要问自己"我是否具备在这个组织获得成功的技能"，还要问自己"我能不能学到让我的职业生涯再上一个台阶，或者让我再次得到晋升的技能"。技能决定着你的前景，因此一定要确保自己未来有机会提升技能，并且眼下能用好现有技能。

我以前的成绩会被认可吗？

如果你加入了 ACME widgets 公司并且为它们做出过重大贡献，那么你完全有理由为自己的成绩感到自豪。然而你可能很难打动某一位从未听说过 ACME widgets 的未来雇主，让他相信你在那里取得的成绩。相反，如果你加入过高盛投资公司、麦肯锡咨询公司或者宝洁公司，你的简历会立刻得到星级评估。你会发现这些公司的老板很容易认可你的任何小成就，而且会非常高兴地雇佣你这种从顶级公司出来的星尘。

有一点不可避免，你也会遇到令人不快的结局。顶级雇主可能会让你的简历熠熠生辉，可一旦离开这些雇主，你就很难回头。这种孤注一掷的办法只能使用一次，因此一定要确保它用在正确的时刻，为了正确的理由。

这家公司的文化适合我吗？

沃伦·巴菲特曾经说过，"我发现，如果一位德高望重的管理者加盟一家声誉不佳的公司，那么保持不变的是这家公司的声誉。"不要指望你能改变所加入的公司的文化。曾经有人邀请我加盟一家机械企业，希望我给它注入创业文化，但这家公司官僚气依旧，也依旧非常成功。

这把我们带回到"享受"这个主题上——只有在自己能得到快乐的工作中才可能出类拔萃，所以要确保找到你能够从中得到快乐的工作场所。

"只有在自己能得到快乐的工作中才能出类拔萃，所以要确保找到你能够从中得到快乐的工作场所。"

这种情况部分涉及工作本身，也涉及你与什么样的人共事。

继续做一番研究。与曾经在那家公司工作过的人交谈，听听他们怎么看。不要被那些招聘人员说动心，他们是在向你展示最好的一面。而且，即便是见到了你未来的直接上司，也要认识到这些直接上司会像走马灯一样随时更换。

寻找正确的角色

很显然，正确的角色必须是你喜欢的角色，而且能让你展示自己的能力，但它也应该是一个能让你发展职业生涯的角色。这将你引向了两个截然不同的方向：

- **去权力中心**：在总部你虽然能接触到所有权力人物并且被他们所知，但你很难出人头地。权力像蜜糖吸引蜜蜂那样吸引着人才，你会身处激烈的竞争之中。

- **去帝国的偏远前哨**：在这里你可以自由地进行各种尝试，不断成长，赢得声誉。不过，除非你非常小心，否则你将脱离权力与联络圈。

以下便是管理得失的办法。

帝国中心的权力

处在帝国中心的管理者有着巨大的优势，包括：

- 获得小道消息和知识。
- 非正式地频繁接触到关键决策者。
- 有能力建立广泛的关系网，将掌权的管理者囊括在内。
- 提早看到有吸引力的项目和职位。
- 让高管知道你的存在。
- 洞见组织真正的重点与决策过程。

上述优势自然不会以礼物的形式放在你的工作台上，等着你第一天去总部上班时打开，你得努力建立属于自己的关系网和知识网。不过，相较于那些身处帝国偏远前哨，几个季度才有几次机会来总部开会或者接受考评的人而言，你建立关系网的速度要快得多。

总部有自己的办公间并不一定能保证成功。有些职能和角色比其他职能和角色更有分量。从职业生涯的角度来说，身处权力所在的地方很重要。不同组织的重要岗位不尽相同，以下便是一些例子：

- 宝洁公司：市场营销部。
- 通用汽车公司和福特公司：财务部。
- 戴森公司：设计部。
- 专业服务公司：客户。
- 丰田公司和日产公司：工程部。

宝洁公司总部的一名财务人员或者福特公司位于迪尔伯恩市总部的一名营销人员，虽然距离权力很近，却无法获得权力。他们就像第五大道上望着商店橱窗的乞丐：距离财富很近，能够看见却触摸不到。这种体验让人感到沮丧。权力始于做出正确的职业选择。有些组织有意培养未来的领导者，在职业生涯初期就将其安排在权力中心。英国石油公司挑选了一些具有很大潜力的毕业生，让他们在 CEO 办公室工作一到两年。在这期间他们将了解公司如何真正运行；建立自己的关系网和影响力，并且将学习高管们如何思考和行动。这些都是极其宝贵的学习内容。不过，要想得到这种机遇却也不太容易。

留在权力中心最大的弊端是竞争，你的同事便是你最致命的竞争对手，权力会像灯光吸引飞蛾那样吸引管理者。只要在任何公司的总部随意走上几步，都能看到许多管理者在围着不同的光源和权力之源飞舞，个个都试图接近最亮的那盏灯。许多飞蛾不可避免地会在这个过程中被烧死。我们在后面将了解一旦确定权力在哪之后,如何去获得权力。

帝国偏远前哨的权力

去帝国偏远前哨看似被流放,职业生涯也奄奄一息。如果处理不当,正是这样的结果;但如果处理得当,帝国的偏远前哨也可以成为通往成功的重要垫脚石。

去帝国的偏远前哨其实是件好事。一位中层管理者在激烈竞争的总部很有可能被淹没,只能待在自己的隔间里。那些懂得竞争策略的管理者将认识到,获胜的最佳办法就是避免争斗:占据新领域[即普拉哈拉德和哈默所说的"空白区"(white spaces),或者钱·金所说的"蓝海"(Blue Ocean)]。这些偏远前哨往往是极具吸引力的职业生涯跳板,原因如下:

- **能让你有机会运用真正的权力**:在偏远前哨,你会拥有真正的权力和责任,而不像在模糊不清的总部那样只有优先的权力和责任。
- **能让你快速成长**:在远离总部聚光灯下的激烈竞争和流言蜚语的情况下,你可以尝试,甚至可以偶尔失败。
- **能让你建立良好的业绩和信誉**:通用电气公司有许多被称作"柠檬小站"的小型业务单元,它们给潜在总经理以机会来建立并展示自己的能力。
- **一旦成功,能让你建立自己的权力大本营和帝国**:

一家不起眼的工厂可以凭自身力量快速成为一个战略性企业。IBM 的主营产品是大型主机，其个人电脑分部靠其主营业务生存下来，但它却快速从一个无人疼爱的孤儿成功变成一个明星，并最终被联想收购。

被派往帝国偏远的前哨就像是拿到了一张单程车票，最终的结果不是胜利就是悲剧。要想避免悲剧发生，就需要遵守下列三条黄金法则：

1. 不要相信任何承诺。当上司与你商谈要将你派遣到偏远前哨去时，你可能会让对方承诺你回来时能得到什么：3 年后为你提供职业发展的机遇和晋升空间。此时你们的承诺一文不值。3 年内，组织将经历一到两次重组，你所希望的空缺会彻底消失在组织重组这个黑洞中。你的上司可能早已换作他人，而新上司肯定不会全力以赴地兑现他们没有做出的承诺，而且他们在新组织中也根本无法兑现承诺。与其指望他人恪守数年前所做的承诺，还不如亲自打造自己的未来。

2. 保持联系。一定要保持自己在公司的曝光度。身处帝国偏远前哨的人完全与小道消息、权力关系网、稍纵即逝的新机会、重组和新项目断了联系。人们忘记了你的存在，因为他们再也没有在走廊里见到你的身影。所以，一定要找各种借口回到帝国的"心脏"，参加预算会议、培训和公司活动。自愿参加公司的项目以确保曝光率，并

第四章 政治管理技能：获取权力，实现目标

且让别人知道你已经回到了总部。要与人力资源部门保持联系，因为他们知道什么时候会有什么空缺职位。要确保总部出现空缺的好职位时，你能顺利返回。

3. 管理好认知。身处帝国偏远前哨的好处在于，总部没有人真正了解那里究竟发生了什么，以及背后的原因。但这也是坏处，总部领导只看到那些能够说明是否超支的数字。这就让认知管理变得非常重要，也让年初制定尽可能低的基线变得至关重要。只有这样，公司领导才会看到预算的正差异。

日本的情况不同

被派往日本时，我心中充满了希望。但是抵达那里后才发现，我们在日本的业务没有销售、没有收益、没有销售前景，却有大量要付的账单。新泽西总部的人谁也不知道日本发生了什么，我开始怀疑自己是否也会茫然不知所措。

我很快便意识到自己要打两场战斗：

1. 让日本的业务运转起来：快速获取收益。
2. 管理好认知：设定期望值，给总部的大佬们一个说法。

这个说法很简单：在日本开展业务至少需要投入1000万美元，而且还可能面临与我们商业模式不相符的东西这种风险。如果换一种方式，我们可以做得更好：我们可以在3年内新建与新泽西商业模式相符的业务，只需600万美元，或者说每年200万美元。

不知为什么，他们相信了我的说法。我们就这样得到了每年在业务上亏损（对不起，应该是"投资"）200万美元的许可。我们

将期望值设定得很低,并且给出了一个说法,大佬们愿意接受这个说法,而我们也能够实现目标。

在此后的3年中,我们成了"空中飞人",积攒的飞行里程如果兑换的话足以让几家航空公司破产。管理认知与保持联系需要大量的付出。

管理全球性职业生涯

1. 做好功课

一定要勤于调查,了解那里的实际业务状况、未来的同事、你的角色以及你能拥有多少预算和多大的权力。如果你不喜欢所了解的情况,要么协商,要么干脆放弃这个机会。

2. 与家人协商

对你而言,去海外工作或许很刺激,但是对被困在家里、无法工作、无法用当地语言与人交流的配偶来说就不是这样了。

3. 谈判

比起薪水和工作条件,更为重要的是要在角色、预算和业绩期望值等方面为自己打下成功的基础。态度要强硬:一旦同意赴任,你便会失去所有谈判的资本,只能全身投入。

4. 不要相信任何承诺

3年后,现在的上司可能已经调往别处,组织也可能已经重组了两次。新的上司可能无法、也可能不愿意兑现他们一无所知的承诺。

5. 弄清自己的角色

你的工作是在当地代表一家全球性公司的标准、知识和专业性,所以必须将自己的全球性能力嫁接到对当地人的了解上。

第四章 政治管理技能：获取权力，实现目标

续

> **6. 重新塑造自己**
>
> 到了新的国家之后，不要背着以前的包袱，这是你进行尝试的好机会。要从一开始就抓住机会：在 1 个月内，人们就会对新环境中的你有一个明确的了解。你会获得一套全新的装备。
>
> **7. 灵活多变**
>
> 你会接触到不同的食物、习俗、商业习惯和语言，要跳出外国人的圈子来适应当地的方式。你会学到更多的东西，或许还会喜欢更多的东西。
>
> **8. 反复交流**
>
> 一旦你消失在地球的另一个地方，就有可能被人们遗忘。一定要管理好自己的声誉，要汇报你的业绩，而且要坚持汇报。
>
> **9. 保持曝光度**
>
> 找各种借口参与总部的活动。总部时刻会有许多工作组、研究和新项目，需要全球性的投入和支持。寻找机会让权力巨头们想起你的存在，而且还干得非常出色。
>
> **10. 熟悉任职流程**
>
> 人力资源部理论上会帮你，但在实际情况中，你得自己帮助自己。你需要尽早发现哪些好位置出现了空缺，然后为此做好准备。你可以肯定，总部的所有同事都会为你不在而暗自窃喜：他们将有机会精挑细选。

寻找正确的上司

人们对自己的职业抱怨最多的是有一个坏上司。我作为培训师也发现，许多来听课的人都在琢磨一点——如何应对

问题上司。我们已经介绍过如何应对坏上司，但即便是应对坏上司的最佳办法，也无法确保你就一定会有一个好上司。预防胜于治疗。

你可以将对上司的选择权交给人力资源部和任命系统，由他们随意安排，这就是所谓的听天由命。但希望不是办法，运气也不是策略。至少，你应该投出有利于自己的骰子。

"希望不是办法，运气也不是策略。"

每个人其实都知道坏上司是谁，他们早已恶名远扬。你大概认识几位你信任且想在其手下工作的上司，所以，你现在要确保他们将你选入正确的团队中。

首先，要让潜在的好上司知道你的长处。上司也需要有人帮他们，需要一个能主动提出项目、出谋划策、起草讲稿、或者向他们提供所需信息的人。你要主动去努力。对上司所做的事表现出兴趣，或许还可以征求上司的一些意见。与上司建立良好关系，显示自己能成为出色的团队成员：充满正能量与激情、积极主动、注重行动。他们会注意到这些，而他们下一次组建团队时，自然希望你能加入。

同样，如果"死星"上司在寻找牺牲品，你不妨学学哈利·波特，穿上隐身衣，一定要表现出你非常非常忙，完全无法从现有工作中脱身。"死星"上司会忽略你，转而去寻找更容易下手的目标。

你不可能每次都遇到你想要的上司，一旦遇到糟糕的上司，不要惊慌。记住，公司里的山水轮流转，任何一位上司都不可能永远待在同一个地方。此外，哪怕是糟糕的上司，你也能从他身上学到东西，许多东西可能都与自己不想做某事相关。但是上司不会无缘无故地成为上司，组织肯定看中了他们的某些价值。一旦明白这一点，你便对自己如何成功多了一分认识。

寻找正确的岗位

如果你了解寻找正确的组织、角色与上司的原则，那么你已经知道寻找正确岗位的原则。它们是：

- 积极主动——不要坐等任命，而要寻找自己想要的岗位。
- 寻找自己可能喜欢的东西，以及一位好上司。
- 展示实力并不断提高。

最后一条比较微妙。雇主总是希望你将自己的所长用到极致。我曾经有过一名团队成员，他为一家人寿保险公司的IT投资项目做了非常出色的商务案例分析。这是他所擅长的。结果许多客户与他签订合同，涉及数百万的投资，于是他在此后的3年间为不同的客户干着相同的事。他声名鹊起，但职业生涯却停滞不前，因为他被困在了技术专业的模糊区域。他本人乐此不疲，因为这是他感到舒适的领域。他知道自己会成功，因为大家都喜欢他干的活，而且他不必冒风险。

你需要展示实力，建立声望，但也需要为未来提高自己的技能水平。要时刻准备拓展自己，冒险尝试新的事物，否则就会停滞不前。在接受新岗位时，要着眼于当下，也要着眼于未来。

> **泰国木薯淀粉项目的考验**
>
> 我的任务即将结束，于是我小心翼翼地了解其他正在进行的项目。我惊讶地发现，对分析师极为严苛的丹尼尔居然给出了一个项目——对泰国木薯淀粉市场进行竞争力分析。
>
> 对于这种几乎是明目张胆的工业间谍行为，而且使用我不熟悉的语言和我不熟悉的行业，我真的缺乏热情。再说我还讨厌木薯淀粉。我看到噩梦在步步逼近。我发现另外还有一个沙特阿拉伯市场项目。由于大家都不太喜欢沙特阿拉伯，所以派遣人员也不是件易事。但是项目经理很不错。因此，我很快表现出对沙特阿拉伯的一切都怀有极大的热情，我帮助项目经理起草了最终的提案，减轻了他的压力。与此同时，泰国木薯淀粉项目召开策划会议时，我总是在忙一些神秘的事情：我家的猫要死了（不是第一次）；或者我突然要与现有客户召开紧急会议。我告诉沙特项目经理我想和他共事。对于任何能够帮他解决人员配备的方案，他都很高兴，更不用说是我。
>
> 不知不觉中，我躲过了泰国木薯淀粉项目，来到了沙特项目中。此后发生的一些事让我一直希望泰国项目至少会像我所担心的那样糟糕，但那就另当别论了。

第四章　政治管理技能：获取权力，实现目标

建立自己的关系网

管理正变得越来越像21世纪的奴隶制，唯一的区别在于我们都自愿成为奴隶。21世纪大肆宣传的是一个消费型社会，在这里我们可以全天候随时随地拥有一切。但现实却是管理者每周7天、每天24小时，随时随地干所有的活，时刻生活在工作地狱中。我们自豪地戴着技术桎梏，管理者之间还相互竞争，想看看谁的桎梏更新、更好：平板电脑、普通电脑、互联网服务、智能手机，等等。

"管理正变得越来越像21世纪的奴隶制。"

我们最终的奴隶驱动者是无情的市场需求，而我们的直接奴隶驱动者则是上司。我们与上司之间不存在平等关系，他们对我们很重要，但我们对他们却没有那么重要。如果我们一怒之下拂袖而去，抱怨自己被当作奴隶，我们只会让上司洋洋得意：他们会记录下我们无法胜任工作，缺乏动力，没有真正做出贡献，所以他们只能忍痛割爱，让我们离开。他们看起来像英雄，而我们则变得一无是处。

当我们完全依靠上司时，我们就让自己成为了他们的奴隶。如果他们是慈祥的奴隶主，那么他们会照顾我们，确保我们得到好工作（不是打扫卫生间）、得到奖励，甚至得到晋升。如果他们是邪恶的奴隶主，那我们的日子将会非常凄惨。

要想得到一些自由,我们需要找到一些办法,不再百分之百地依赖上司的率性而为。我们需要盟友,也需要支持我们的关系网。

> **职业生涯关系网:清单**
>
> 要想有所发展,就需要能够提供支持的关系网。对照下列内容来核对你的职业生涯关系网。
>
> **后盾**
>
> 后盾必须在你的组织中至少高于你两个级别。他们可以在很多时候起到关键作用,比如推动你的职业生涯朝正确方向发展,帮助你寻找到正确的职位和上司,让你避免陷入职业陷阱,在你需要推进某个项目计划时给你提供政治空中掩护,以及在你需要的时候让你接触到决策者。作为回报,你是他们在组织中的眼睛和耳朵,可以对他们正在尝试的想法以及启动的项目酌情提供支持和动力。只要你继续对他们有用,他们就会帮助你。高管们通常喜欢那些无法威胁到他们的人所提供的能量和不同的视角。你可以将他们变成自己的教练,而且效果惊人。
>
> **消息灵通人士**
>
> 这些人能让你知道正在发生什么,尤其宝贵的是那些知道出现新机会和新岗位的人。人力资源部有时候知道这些情况,但通常总有人早在正式消息公布之前就已经知道内部消息。在某家银行,员工们当中流传着一本册子,上面写有下一个将轮到谁晋升或者被炒鱿鱼。奇怪的是,这些早在人力资源部知道情况之前就被预测的未来事件,居然非常准确。
>
> **局外人**
>
> 这些人可以为你提供一条离开组织的逃生路径。超过70%的高级管理岗位都是通过口碑寻找并得到的。如果你知道自己可以跳

> 续
>
> 槽，那么你与上司的关系就平等得多。如果你无处可去，那就只能依靠别人。投资银行和硅谷的专业人员可以要求高薪，部分原因在于他们超凡的技能。另一个原因是，他们很容易在相近行业中找到另一个组织：他们并不是目前雇主的契约奴隶。

归根结底，你在组织中是否安全，取决于你对组织是否重要，而非取决于雇主。一定要确保自己正在为未来培养正确的技能，并留下业绩。如果你与上司出了问题，那么这将是你的替代计划。只要有正确的技能和从业记录，关系网中的人将会抢着要你，他们会愿意把你推荐给那些需要你的技能和业绩记录的雇主。

提高技能

我不妨冒险再重复一遍：今天需要的技能并非明天所需的技能。

"今天需要的技能并非明天所需的技能。"

这背后有两个原因。

第一，今天所具备的技能会面临危险。随着技术或者市场的变化，所有技能都可能过时。即便这些技能没有过时，你也会发现自己受到了比你更年轻、更有抱负、更廉价但具有相同技能的天才的挑战。经验暂时会让你占有一些优势，但与那些天才竞争你会越来越难。

第二，成功所需的管理技能在组织的各个层级都不同。我们将在第五章详细介绍。

在短期内，舒适区的生活确实风险较低。你只需守着现有技能，充分发挥自己的能力，就能安然无恙。从长远的角度来看，舒适区的生活却是致命的。你会发现自己进入了技能的死胡同，完全被那些更廉价、更新的技能或技术所超越。你得不断强迫自己，拓展自己，学会那些将帮助你建立更好未来的新技能。

建立声誉

我们都喜欢认为自己与众不同。没有多少人会承认自己在驾车、恋爱、智力、成就或工作方面比普通人差。我们工作时，周围全都是与我们能力相当的人，他们认为自己比我们强，我们认为自己比他们强。这不符合逻辑，但在情感上却是无法避免的。

你需要具备能让你轻易在同事中鹤立鸡群的东西。在过度拥挤的晋升市场上，你需要具备在某些方面与众不同的能力。下面介绍与众不同、建立声誉的三个基本方法：

- **非凡成就**。这种成就必须比你的同事更好。在销售和贸易方面，业绩比较容易衡量；在许多其他方面，业绩要模糊得多。

- **启动项目**。大多数组织时刻都有新项目，虽然不是每个项目都会成功，但这些项目却让管理者们在学习和成长的同时有机会建立声誉。
- **着手改变**。管理者必须改变一些东西，并对其进行改善。管理者如果什么都没有改变，就只会被视为一名行政管理者或者故步自封的管理者。仅仅干活还不够，你需要展示你在改进一些东西。

一旦有机会赢得荣誉，你还需要抓住机会，否则你会发现许多人突然冒出来分享你所取得的成绩。有些简单的方法可以让你宣示自己享有这份荣誉：

- **祝贺并感谢大家所做出的贡献**。人们喜欢公开得到认可，而你可以做到这一点。你在祝贺他们的同时，也在向人宣示你才是领军人物。
- **评估并讨论各种挑战及吸取的教训**。这需要人们对项目有一定程度的了解，而团队中或许只有你能做到。这是在告诉大家，你掌控了这个项目。
- **掌控局面，步步为营**。在对项目的下一阶段进行讨论时，要掌握主导权。这可以让一些人退出，因为下一阶段意味着更多的工作在等着大家（他们没有时间），而且需要对当前的进展有更深的了解（他们不知情）。

与高管们一起共事也会有赢得声誉的机会。如果给他们留下了好印象，那么你就有理由出名；但如果给他们留下了糟糕的印象，你可能会名誉扫地。顶级高管会透过与你在一起的切身体会这个扭曲的镜头来判断你的既往成就。如果你给他们留下了好印象，他们对你既往成就的判断就会对你有利，否则，他们将持怀疑的目光。这或许不公平，却是现实。因此，你要充分利用见到高管的有限机会，他们与你有限的直接接触将影响他们的判断，远胜于人力资源部的正式评估，因为后者常常只是打勾和宣传练习。

鉴于这种关键时刻非常重要，所以你一定要确保自己做好以下几点：

- 向高管们做展示时要充分准备，因为这是你闪耀的时刻，一定要光芒四射。
- 要扮演榜样的角色：积极、专业、主动。
- 找机会积极与高管打交道，这种非正式的机会随时都有——会议前和会议后、会议上、午餐时。不要躲避，要让自己发光。

晋升委员会：现实与理性

我们面对着堆积如山的晋升推荐材料，总共 50 多份，每一份大约 40 页。我们知道这些资料的准确度就像前苏联时期的《真理报》一样：每一份推荐材料都充满了对被推荐人的溢美之词。我们

> 需要某种办法来做出决定：晋升岗位只有 30 个，因此将有 20 多个人失去机会。
>
> 我们竭尽全力去阅读溢美之词背后的真相，但不可避免地总是回到两个问题上：
>
> 1. 这个人真正取得了什么业绩？每个候选人都在所有考评选项中打了勾，如资质、团队精神、智力、领导能力等。但只有少数人真正取得了我们能够认可的业绩。这些人比较好选。
>
> 2. 谁了解这个人？我们通常可以通过简短的互动了解他们，他们或许做过工作汇报，或许自告奋勇地做过一些事。如果他们在这些方面的表现是正面的，那么推荐材料中对他们的赞扬就比较可信；如果他们在这些方面的表现是负面的，我们就要更加仔细地审阅对他们的溢美之词。
>
> 在一个人人都显得非常出色的组织里，这是我们唯一能优中选优的办法。我们或许对某些人判断失误，并为此付出了极大的人力代价。晋升机会归属于那些高政治商的管理者，他们建立了声誉，维护了荣誉，并且想方设法在与晋升委员会成员最短的接触时间里给他们留下了好的印象。

扮演角色

所有组织都像部落，有自己的规则和礼仪，所有成员都必须遵守。这些规则又因层级和功能的不同而不同：销售部的文化通常与财会部的文化大相径庭，新管理者的文化又与董事会办公室的文化截然不同。如果你想加入俱乐部，就必须表明你了解俱乐部的规则，并且愿意遵守。我们可以讨论这种部落制度是好还是坏，但我们仍然不得不应对它，这就意味着我们必须扮演好自己的角色。

扮演角色既是风格，也是内容，你最终必须自己弄明白这些规则。有些地方仍然认为必须废寝忘食才能成功，而另一些地方却似乎在要求大家舒适随意。许多规则看似怪异，但如果你忽视它们，就会惹来大麻烦。

下面这些常见的规则将帮助你在大多数地方扮演好自己的角色。

扮演角色

1. 树立榜样

要成为别人眼中的榜样，要以身作则。

2. 积极向上

越是艰难，积极阳光、充满自信、乐于助人就越重要。与那些陷入负面情绪、不断责备别人、毫无作为的人积极对抗。

3. 主动热情

要在别人发现问题的地方找到解决方案，以行动取代分析，多付出。

4. 赢得尊重

无需博得人人喜欢，但必须赢得别人的尊重与信任。要诚实待人，有言必行。

5. 保持警惕

不要干蠢事、散布流言蜚语、说别人坏话、背信弃义、喝醉酒、丢失机密数据，或者沉湎于有损职业生涯的举动中。

6. 注重衣着

人们虽然不会以貌取人，但仍然会根据衣着来评判你。注意比

续

> 你高两级的人如何穿着打扮,那便是你要模仿的标准。
>
> **7. 彬彬有礼**
>
> 对别人要彬彬有礼,就如你希望别人对你彬彬有礼一样。己所不欲,勿施于人。
>
> **8. 成为合作伙伴,而非仆人**
>
> 如果你表现得像个下级,别人也会把你当作下级来对待。你不是奴隶,你是专业人才。
>
> **9. 追随榜样**
>
> 如果你非常钦佩某人,那就以他为榜样。
>
> **10. 遵守规则**
>
> 这包括懂得何时可以打破规则。

掌控自己的命运

大家永远不需要阅读的一本佳作是诺尔·蒂希(Noel Tichy)和斯特拉福德·谢尔曼(Stratford Sherman)合著的《掌控自己的命运,否则别人会掌控你的命运》(*Control Your Desting or Someone Else Wiu*)。只需看一下书名,就能明白这部著作最重要的信息,其余部分都是细节。

这是职业生涯管理的真理。即便有时非常艰难,我们也要掌控自己的命运。如果你的职业生涯出现了问题,你很容易对上司的恶行或者命运中的邪恶力量感到愤怒,这是我们每个人一生总会遇到的艰难时刻。如果你想知道究竟是谁在掌控你的命运，那么你只需照照镜子。

职业生涯对你而言可以是一个动词，也可以是一个名词。无论它是动词还是名词，你都要充分利用好它。

遵守比赛规则：管理政治

组织内的政治经常被视为不正常的管理者玩的不正常的游戏，这种观点通常是正确的。但是所有组织都有政治，只要运用得当，你可以凭借政治技能让他人和其他部门为你实现目标。政治可以变成延伸权力、提高能力的途径，正如我们在《星球大战》中看到的，政治是一种既有光明面也有阴暗面的力量。

"只要运用得当，你可以凭借政治技能实现目标。"

我们将在本节探讨管理者可以玩的不同游戏，并且展示每一种游戏的用途。本书强调的是玩那些富有建设性的政治游戏。阴暗面确实很强大，但也非常危险，而且常常会让整个组织付出沉重的代价。我们将分析三种主要的政治游戏：

- 非赢即输的游戏。
- 面子游戏。
- 业绩游戏。

第四章　政治管理技能：获取权力，实现目标

非赢即输的游戏

这是卑劣的人玩的卑劣的政治游戏。一般来说，非赢即输的人会：

- 只要沾得上边，都会将成功归到自己名下。
- 一旦出现任何问题，就会推卸责任，颐指气使地指责他人。
- 散布流言蜚语，背地里对同事恶语中伤。

这些人有诱惑力，所以一定要抵挡跟随他们的这种诱惑，否则你会：

- 快速树敌并失去盟友。
- 当别人发现你的成就名不副实时，你会失去信誉和信任。

如果你遭遇这种玩弄权术的政客，不要按他们的规则来玩游戏，因为那样你必输无疑。要按这些人无法获胜的另一套规则来玩这场游戏：

- **成为专业、正面行为的榜样**：不要卷入谁是谁非的公开争斗中，否则你看起来并不比你想战胜的那些人更好。
- **注重于取得货真价实的业绩，而非好大喜功**：取得成绩时，要慷慨地赞扬每一位帮助过你的人，这样

你才能名正言顺地成为成功的核心人物，并且通过你所表现出来的慷慨大度赢得许多盟友。
- **注重于建立自己的铁杆盟友网**：这些人会帮助你，你也会反过来帮助他们，不要与那些非赢即输的政客直接对抗。他们喜欢直接对抗，因为他们在这方面经验丰富，很可能获胜。

面子游戏

撑面子在组织生活中司空见惯，有时出于迫不得已，有时则毫无必要、甚至是危险的。在经济衰退时期，人们玩这类游戏到了狂热的地步：每个人都想积极表现，免得到时候被裁员。以下便是其中几个游戏及其价值：

- **面子游戏（1）**。第一种面子游戏也叫"即便没有活干，也要加班到很晚"。具体做法是与同事们一样待到很晚，而且比上司更晚，以表现出自己忙忙碌碌、忠心耿耿、全身心投入。这对保持工作与生活之间的平衡不利，而且完全是在浪费时间。但是，在有些组织中，面子游戏是必须玩的邪恶游戏。在极端情况下，这会导致高管们在长时间飞行、缺少睡眠、摇摇晃晃地走下飞机后，还要在12小时内参加各种气氛凝重的会议。研究表明，醉酒和睡眠不足的人的反应时间同样糟糕，然而喝醉酒会被炒鱿鱼,而备受时差折磨的高管却被视为英雄。这种行为毫无意义。在找到更好的组织之前,要学会容忍这种行为。

- **面子游戏**(2)。这种面子游戏的核心在于,确保自己应邀参加公司大佬们会出席的会议。参加这种会议的人既可以向同事吹嘘,也可以有机会了解大佬、他们的计划以及他们的工作方式。看到坐在会议室边缘的一排排沉默不语、经验不足的下层管理人员,大佬们不会留下什么印象。如果你对会议内容有自己的想法,那就抓住机会说出来,否则你完全可以把时间用在更好的地方。

- **面子游戏**(3)。在这种游戏中,你通常会把外衣挂在椅背上一整晚,或者干类似的事,以便给人一种你还没有下班的错觉——哪怕你早已在酒吧中借酒浇愁。一旦这个游戏被戳穿,你将会失去所有信誉,成为上司们的笑柄。如果你沉湎于这种行为,那就千万不要被人发现。这种游戏有一个比较安全的形式,那就是深更半夜(最好不是在酒吧畅饮了一番之后)查看和回复邮件,电子邮件上的时间标识将给上司留下你非常勤勉的印象。

- **疾病游戏**。这个游戏很受欢迎,也很有效。如果你得了可怕的流感,到办公室去,不小心把病菌传染给了你不喜欢的同事或上司，那下午你就会被打发回家修养。几个月后，当你想请病假时，你可以给办公室打电话说你病了。每个人都会相信你，因为通过上次的流感经历，他们知道你会尽量到岗上班。相反，如果你是一位敬业的管理者，这恰恰是你不会玩的那种游戏。

- **衣着游戏**。人们凭封面来判断书籍，也会凭衣着来判断管理者。这虽然听上去有点不靠谱，但却是事实，要让它为己所用。如果你的衣着和行为像个流浪汉，别人也会把你当作流浪汉。如果你的衣着和行为像比你高一到两级的人，哪怕与你同级别的人讥笑你，你也有机会被别人认真对待。如果你想加入高管俱乐部，那就要观察他们的规则和礼仪，并将其应用在自己身上。

业绩游戏

业绩游戏在组织生活的政治层面上必不可少。如果你想在组织中有所发展，那么就必须打好下面四个重要的战役：

- **预算之战**。别人很可能鼓励你接受捉襟见肘或者具有挑战性的预算。你一时冲动逞强，接受了挑战，这意味着一年内你要加班、会焦虑甚至表现不及预期，因为你设了过高的目标。你还不如用一年中一两个月的时间去争取合理的预算，得到的结果更有可能是出色的业绩，而非业绩不佳。

- **基线之战**。这些与预算之战紧密相关，而且涉及的也是设定目标。在你开始到新岗位任职或者启动新项目时，要把目标定低，让别人看到你所继承的是一个接近于灾难的烂摊子。如果你的目标被接受，那么只要不是灾难都算是改善。你的前任可能绘制了一幅即将成功的画面，结果却根本无法实现目标。设定较低的基线和目标是新任命的 CEO 们的标准做法。

- **人员之战**。一流团队能事半功倍，二流团队则意味着工作过度、业绩偏低、无眠之夜。要努力把最佳人员招进你的团队和项目中。人力资源部喜欢给你一群未经测试的新手，要么是第一轮淘汰下来的，要么是无法安排到别处的。很显然，你想要的人大概炙手可热，而且很难从正式渠道得到。不妨多花点时间去人力资源部争取他们，在人员配备流程上想办法，最终将想要的人带入团队。这种时间上的投入将给你带来数倍的回报。

- **晋升与奖励之战**。忠诚是一条双向大道。你有权期望团队忠心耿耿、全身心投入。作为回报，团队也期望你在晋升和奖励等回报他们的时刻兑现承诺。

不可避免地，没有足够的晋升或奖金来满足组织中的每个人。低政治商的管理者明白这一点，并会做出妥协，这让团队感到非常失望。你需要竭尽全力为团队成员争取最大的利益。顶级人才会去找关照他们的上司，他们会兑现承诺，但条件是你向他们兑现了诺言。

获得并使用影响力：成为备受信任的管理者

政治商的核心是影响力。影响力可以让你的权力超越正常的范围，让你通过利用同事的能力实现更多的目标。

影响力所涉及的不是你做什么，而是你如何做到这一步的。你的言行会为你带来更多还是更少的影响力。最简便的办法便是看看周围的情况，观察那些影响力超出他们工作区域的人，看看他们的言行。他们便是你的榜样。

"具有影响力的管理者值得信任。"

影响力是明面上的法则，它的背后还有一条更深的法则——具有影响力的管理者值得信任。反过来，如果没有人信任你，你很难具有影响力；如果缺乏信任，谁也不会愿意与你共事，尽管他们偶尔会在你身旁工作。信任是影响力的硬通货，你得到的信任越多，影响力就越大。

第四章 政治管理技能：获取权力，实现目标

影响力与好人缘无关。如果你寻求人缘，你就会变得软弱；而如果软弱，你就会做出承诺、接受各种借口、避免与人正面交锋。短期内，你或许很有人缘，但是随着时间的流逝，你会变得越来越弱，越来越无关紧要。宁可得到别人的信任和尊重，也强于有一个好人缘，这也是世界各地政治家们要努力学习的课程。

毁掉信任最简单的方法就是对人说"相信我……"。信任不是挂在嘴边上的，它需要你去建立。下面这个简单的等式可以让你思考如何建立信任：

$$t = \frac{a \times c}{r}$$

其中：

t（trust）= 信任；

a（alignment）= 结盟；

c（credibility）= 信誉；

r（risk）= 风险。

下面介绍如何应用这些术语。

结盟

我们信任与我们相同的人，这对于多元化而言不是好消息，却是人之本性。在工作中，有些人与你相似，他们与你有着相似的背景、品味和年龄，还有可能与你的性别和族裔相同。我们很容易与这样的人建立关系。

如果你遇到某个背景截然不同的人，那么与他们建立密切关系要困难得多。但是你可以帮助自己和他们：花时间听他们说，让他们谈论自己最喜欢的话题——他们自己。仅仅聆听就会有助于你建立关系。在这个人人都过于忙碌、妄自尊大的世界里，如果有人愿意听你说，并且表现出对你说的内容感兴趣，这是一种荣幸。聆听还会给你提供宝贵的信息，能让你知道你们在哪些方面有相同的兴趣或经历。当你发现你们的共同之处多于预期时，就可以开始在一定程度上结盟。你已经开始搭建了信任的第一块积木。

信誉

结盟是好事，但仅有结盟还不够。与朋友一起外出时，我们在共同兴趣方面一致，但是否所有的朋友都能够成为好同事却另当别论。我们必须知道，我们可以依靠他们来实现目标。

信誉是有言必行。在这一点上，大多数人会义愤填膺地回答，"我当然总是有言必行，你不会是说我不守诺言吧？"你当然对一些同事没有兑现承诺的事记忆犹新，而且我们都是别人的同事，我们有时没有兑现承诺时甚至都没有意识到。

对于无法兑现承诺，我们总有各种理由，也许是别人让我们失望了：零件没有交付，我们所需的分析报告来得太迟，信息不完整。在我们心中，我们没有违背承诺，是别人

第四章 政治管理技能：获取权力，实现目标

违背了承诺：我们是他们无能的受害者；在那些我们未能兑现承诺的人的心中，我们就是违背承诺的无能之辈。他们根本不在乎我们的借口，只知道我们违背了诺言。

还有期望值的问题。管理中一些最危险的词语包括："我希望……我试试……我打算……我也许……我可能……我很想……"。在我们心中，除了希望或尝试之外，根本没有做出任何承诺。然而，你说的话与别人听到的是两码事。别人听到的是"我将会……"之后，当你说你尝试过时，别人会认为"你失败了"。

这意味着信誉包括两部分。首先，显而易见，你得兑现承诺。未能兑现承诺便毁掉了信誉。信誉就像一个花瓶，一旦打破就很难复原。借口宛如用透明胶去修复一个古代花瓶一样缺乏可信度。

其次，信誉还包括一层不那么明显的含义，即期望值。你在制定期望值时一定要无情地说明白。这很困难，因为人的本性是希望取悦于他人。在那时，你可能会使用"我希望……我试试……"这样的词语。如果你发现这些词语脱口而出，那么你要反省一下，问问自己为什么会对兑现承诺心存怀疑。然后清晰明了地解释心中的疑虑以及各种条件。宁可尽早进行艰难的沟通，清晰地设定期望值，也不要以后寻找各种借口。后一种情况的沟通更加困难。

风险

信任不是开关。我们对人有不同程度的信任，你或许会信任街上的陌生人给你指路，但是将毕生积蓄托付给街上遇到的陌生人却不是明智之举。这在工作场所也一样。你得一步一步赢得信任，兑现一些小的承诺，慢慢地就会赢得信任去兑现更大的承诺。

应对风险还有一个办法，那就是降低风险。如果你想接受一个颇具风险的项目，那么可以降低它的感知风险：拆分项目，对每一步进行清晰的评估。或许整个项目得不到大家的信任，但每一部分却能为你赢得信任。

信任关系网是至关重要的资本，能让你在工作场所成为高效的管理者。你在跳槽时会发现这种资本多么宝贵。你突然发现自己在新单位没有关系网，不知道找谁能办成事情，而且没有过往成绩，必须重新开始赢得信任与尊重，这可不轻松。

影响力与信任是无形的优势，所以才更为强大。你在同事的眼里变得更加高效，但他们却难以明白背后的原因。影响力与信任是非常有用的政治商工具，所以要将它们建立好、运用好。

第五章

管理商技能：
管理你的职业生涯

第五章 管理商技能：管理你的职业生涯

管理是一门艺术：一直都是，而且永远都是。永远不会有任何科学公式能够像"$E=mc^2$"解开物理学奥秘那样，破解管理学的奥秘。如果真有这样的公式，那么我们都能拥有它，然后会陷入一种竞争僵局，因为每个人都会运用相同的公式。幸运的是，人与人不同，各自的情况不同，所采取的行动也不同，而且这个世界时刻在变化。成功的方法数不胜数，失败的方式也多如牛毛，所以管理才是一个挑战，其结果便是每个管理者都必须学到属于他们自己的生存与成功法则。任何书籍或课程都只能给他们增加一些想法、一些不同的视角、一些工具和技术，供他们去尝试。

"成功的方法数不胜数，失败的方式也多如牛毛。"

每个人都将形成自己特有的管理商（Mamagement Quotient，简称 MQ），而每个管理者的成功秘诀也如他的 DNA 或者指纹一样独一无二。

与 DNA 不同，你的成功秘诀会在职业生涯中不断变化。成功的管理者宛如蝴蝶：你还是你，但是在职业生涯的不同阶段，你会经历脱胎换骨的改变。正如蝴蝶要经历从卵、毛虫、蛹到成虫的蜕变一样，你也要经历从团队成员、团队领导、中层管理者到高层管理者的变化过程。

本书前几章已经向大家展示了成功管理者必须具备的DNA，而这种DNA在你的整个职业生涯中始终保持不变。本章将介绍职业生涯的不同阶段你必须实现的改变的本质。不改变就不会进步——就这么简单。

本章不仅向大家介绍了成功需要哪些改变，而且展示了如何学习并形成自己独特的成功秘诀。

管理好职业生涯之旅：你的45年规划图

并非所有管理者都诞生于相同的环境。作为管理者，你的角色会在职业生涯的不同阶段发生剧烈的变化。管理一个5人团队无法与管理数十个国家、数千人的全球供应链相提并论，生存与成功的法则在不断变化，这意味着你也必须不断改变，不断成长。你所面临的挑战在于，没有任何书籍能告诉你法则会如何改变。古往今来，管理者只能自行摸索，而他们当中的绝大多数人都以失败告终。本章介绍了那些不成文的成功法则，并且告诉大家如何管理自己的领导之旅。

表5.1总结了领导之旅的本质，其中的每一个转变与阶段都将详细探讨。

领导层级	管理自己：职场新人	基层管理：管理他人	中层管理：管理管理人员	高层管理：管理一个有盈亏的企业
时间范围	一天或一周	一周至一个季度	一个季度至一年	一年以上
主要职责	干活：质量，速度，专业技能，制订工作计划	管理：指导，激励，业绩管理，授权	优化：改善流程	整合与改变
所重视的人	自己	团队	其他职能部门	员工支持
财务技能	不适用	成本管理	预算管理：协商与掌控	盈亏管理：创收，成本分配
陷阱与挑战	醒悟：单调、枯燥的工作	不改变游戏规则	不管理政治	从自我能力否定倾向到狂妄自大

表 5.1 领导之旅

我们有必要在此强调一下职业生涯中的一些始终不变的主题。

"上一个角色的成功之道并不适用于你的下一个角色。"

成功需要你反复彻底改造自己，上一个角色的成功之道并不适用于你的下一个角色。不要让成功变成桎梏，你得不断改变，不断成长，不断学习。享受这个过程吧。

- **你的掌控力与模棱两可的处事水平在不断提高**。随着掌控力越来越大，你所面对的选择与选项也会越来越多，你从接受他人制订的计划过渡到制订计划。
- **开启职业生涯时所用的技能变得越来越不重要了**。相反，你需要掌握与人和政治打交道的各种技能。你将发现不同类型的人对你越来越宝贵。财务部和人力资源部的人在你的职业生涯初期会被视为喜欢说"不"的敌人，但是他们后来会变成你维持秩序和掌控过程中至关重要的守护神。
- **时间范围在扩大**。管理者的手表有三个指针：时针、分针和秒针。作为团队成员，你关注的是秒针——今天和本周；作为中层管理者，你还得关注分针——在下一个季度或者下一个年度要将团队带向何处；作为高层管理者，你得关注所有三根指针——时针涉及未来 5 年要将公司带向何处这种战略。
- **财务技能变得更加重要了**。从管理简单的预算到管理复杂的盈亏，你需要掌握财务技能才能生存。

最出色的管理者都谙熟这一过程，也都明白每个层级有着不同的视角。作为管理界的新人，你需要理解高层管理者的计

第五章　管理商技能：管理你的职业生涯

划与优先项目，使用他们的语言，执行对他们而言重要的任务；作为高层管理者，你需要记住团队不同成员的视角，将自己的宏大愿景变成具体的想法，让他们能够理解并且执行。

运用这张规划图来指导其他管理者。如果你是一个高层管理者，看到一个新手在苦苦挣扎，那么这张规划图或许能让你明白其中的原因。这些新手不是无能之辈，他们只是需要有人帮他们进入新角色。

谨慎的人会发现每一个层级都有陷阱，但最大的陷阱在于未能改变自己去适应环境。你不仅要提高游戏的级别，还要改变游戏。

表5.1列出了许多人长达45年的职业生涯历程：22岁毕业后开始工作，67岁退休，颐享天年。这确实是个好消息，它意味着你有充足的时间去学习并提高成功所需的技能。人们很容易将注意力放错地方，尤其是在职业生涯开始之初，每次涨工资和晋升都显得格外重要。一旦有了正确的时间观，你就能将注意力放在正确的事情上。你愿意谈判加薪10%，还是加薪10倍？如果你接受了艰难的任务，那么今年要求工资上涨10%看起来是不错。要求工资涨10倍需要讨论建立长期职业生涯所需的合适的经验、合适的培训和合适的支持。因此，在自己身上投资是最佳的投资。

要理解这张45年的规划图，我们需要更为详细地列出职业生涯之旅中每个阶段会发生的事。这也是本章的重点。

起步：第一次偶然当管理者

第一次成为管理者的人经常都是偶然当上的。他们之所以被任命，是因为有个空缺需要立刻有人填补，而你恰好看似很有前途。然而，谁也没有在管理方面对你进行过任何培训。你需要在从未见过法则的情况下去了解法则，并且在没有接受过培训的情况下掌握技能。你是一个意外的管理者，因为你是被意外任命的，你也在等待意外发生。你的第一个管理角色会是一次残酷的学习体验。

失败的主要原因是成功。许多人从团队成员晋升为直线经理时，成功的诅咒会让许多人倒在第一道障碍面前。这就是更衣室领袖的问题。一名优秀的足球运动员被提拔来管理球队，在这之前他凭借积极奔跑、拦截、传球和射门获得了成功。晋升之后，他更加卖力地使用自己的成功秘诀：他更加积极地奔跑、拦截、传球。然而他却被解雇了，他既愤怒又不解。到底出了什么差错？

球队经理的工作不是更加卖力地奔跑、拦截和传球，而是选用正确的队员，培养他们，制定战术并且在场外给队员们助威。这是完全不同的工作。这也是许多顶级球星成为经理后失败的原因，而许多出色的经理以前只是临时球员。商界的情况与体育界相同：首次成为管理者改变了一切。过去成功的方式不是你未来成功的方法。

表5.2总结了首次进入管理者角色时所面对的挑战,这说明你要借机彻底改造自己。坚持以前的成功秘诀并不安全——这是对你职业生涯的自杀。

管理自己	管理他人
我该怎么做这件事?	谁能做这件事?
完成业绩	管理他人的业绩
听取反馈并据此行动	给出反馈
寻求指导与支持	给予指导与支持
接受挑战	分配任务
积极向上	为他人树立榜样
为清晰的目标而努力	管理模棱两可的情况与变化

表5.2 起步时面临的挑战

起步时所面临的挑战本质上涉及改变与同事之间的关系。

改变与同事的关系

关键的转变是从"如何"到"谁"。基层管理者在遇到每一个挑战时都会想一个问题:"我该如何做这件事?"管理所需的心态完全不同。你不再问"我该如何做这件事?",而是要问"谁能做这件事?"。

"你不是管理自己的业绩,而是管理他人的业绩。"

从"如何"到"谁"这种转变会带来一系列其他变化。你不是管理自己的业绩,而是管理他人的业绩。这意味着你既要接受反馈,也要给予反馈;意味着你不只是接受指导与支持,也要给予指导与支持;意味着你得学会分配任务这项基本的技能。许多基层领导很难授权(见第三章介绍授权的部分),因为他们仅仅学会相信自己。一个典型的错误便是将日常微不足道的事分配给别人,而自己承担最艰巨的挑战。这会让团队失去动力,他们永远无法成长,同时你还得承担完成业绩的巨大压力。如果你不把一些艰巨的任务托付给团队,那么要么你需要一个新团队,要么团队需要一个新的管理者。

成为管理者后,你所有的关系都会发生巨大的变化。你会很难适应,会面临管理三种尴尬的人的巨大挑战:

- 你的前队友,他们很可能已经成为你的朋友。
- 年长的同事,让你感觉像是要管理自己的父母。
- 专业人员,这些高技能的人不喜欢被人管,或许他们还认为自己比你更能胜任管理工作。

初次当管理者的人经常在两个极端之间摇摆,一方面渴

第五章 管理商技能：管理你的职业生涯

望在每个团队中有人缘；另一方面又变成依靠命令与恐惧进行统治的匈奴王阿提拉。领导的真谛既不是爱也不是恐惧，而是信任与尊重。管理界的新手必须赢得被人信任与尊重的权利，这在第四章结尾处已经介绍过。

适应这些新的关系意味着采用一种新的心态。从上下级关系的角度来思考无法帮助你应对上述三群人。以前的团队成员会怨恨你，专业人员会主动或被动地反对你，而那些年长的同事如果愿意的话，能够靠计谋战胜你。你需要让他们加入你的阵营，但不能靠软弱和讨好来达到这一目的。

适应新关系有一个办法，那就是依旧把大家当成同一个团队的人——他们其实就是。作为一个团队，每个人都有不同的重要角色。作为管理者，你只是与团队成员有不同的任务要完成：确定方向，实现目标，按需分配工作。这意味着你无需对团队颐指气使，也无需与他们成为朋友，你只需与他们共同完成工作。一旦了解了管理者的角色，你就能将其他一切分配给别人。

对于专业人员和年长员工，你无需吩咐他们做什么。相反，你可以就如何应对每个挑战征求他们的专业建议。管理者不需要成为团队中最聪明的人，但是需要让最聪明的人加入团队，并且运用他们的智慧。

有时必然会出现与专业人员意见相左的情况。即便出现这种情况，也不需要充当能解决所有最棘手问题的圣人。管理者要能集思广益，与大家一起找到最佳的解决方案。

> "最优秀的管理界新人会发现闲散管理这种精妙的艺术。"

最优秀的管理界新人会发现闲散管理这种精妙的艺术。他们鼓励团队去寻找解决方案、接受挑战。专业人员喜欢有压力、喜欢挑战、喜欢得到信任,而年长的员工也会为得到重视与信任而感激不尽。大多数人都想把工作做好,所以要让他们尽情发挥。少管理往往就是好的管理。

进入职责矩阵:中层领导

小声地说,当 CEO 确实要比当中层管理者轻松。中层管理者是整个管理系统中最困难的角色。初级管理者比较轻松,高层管理者比较轻松,中层管理者过去也比较轻松。我们将探讨背后的原因,然后再向大家展示中层的生存与发展之道。

首先,我们需要弄明白中层管理指什么,因为它涵盖了各种角色与级别。基层管理者只需管理团队,而成为中层管理者后就需要管理其他管理者。管理其他管理者难度很大,一些明显的不同之处如下:

- 管理者都希望你给他们更多自主权,希望你少管他们。你要有能力放手,并且懂得如何管理例外情况。

第五章 管理商技能：管理你的职业生涯

- 管理者看重你，不是因为你的专业技能，而是因为你有能力帮助他们推进计划，保护他们的团队。
- 你离日常运营又远了一步，因此你要将注意力集中在如何从长远的角度进行改变。仅仅会娴熟地操作机器还不够，你得改进机器。
- 资源管理与财务素养成为重要的技能。
- 要有能力参与最高管理层的想法与战略，并对其施展影响。
- 要在组织各层级建立信任与影响力网，以此来实现目标。同事会在有限的资源上与你合作，也会与你竞争，你得学会建设性政治这门艺术。

到目前为止，一切不言自明。但即便是这些显而易见的改变，也足以让许多已经晋升的人遭遇滑铁卢。再次提醒大家，生存与成功的法则已经在不知不觉中发生了改变。除非你能辨别风向，并且随风向一起改变，否则你会不知所措地苦苦挣扎。你必须在预算、会计、战略和影响力方面得心应手，还必须能与人力资源、信息技术、法律等领域的专业人员自如地进行交谈。你不再是管理一个狭窄的功能专业，而是开启了综合管理之旅，这意味着需要快速学会各种新技能。

"除非你能辨别风向，并且随风向一起改变，否则你会不知所措地苦苦挣扎。"

个人的脱胎换骨远不止学会一些新技能。你会发现工作性质发生了变化，而这正是在任何公司中的中层管理都是最艰难的角色的原因，也是让你觉得比之前更加艰难的地方。表5.3总结了工作性质的改变。

挑战	基层管理	中层管理	高层管理
自主权	低：按命令行事	低：深陷矩阵	高：可以自行决定
角色清晰度	高：目标明确	低：来自公司各方的许多相互矛盾的要求	低：高灵活度与模糊性。合适的情况下可以自己创造角色
资源	资源明确，工作时间长	需求经常大于资源	多，而且掌握在手中
权力	权力低，但责任也小	责任经常大于权力	责任大，权力也大

表5.3　中层领导面临的挑战

中层管理将高层管理与基层管理中最难的方面集合在了一起。在职业生涯之初，你的自主权很小，基本上按命令行事。工作可能很累，但你至少很清楚自己应该做什么。在高层，一切都不相同，你有很大的自主权，无需接受计划，而是自己创建计划。但伴随自主权而来的是责任与不确定性。优先事项的设定都是要权衡取舍，直到你把它们弄清楚，它们才会变清晰。

第五章 管理商技能：管理你的职业生涯

中层管理将高层管理的模糊性与基层管理缺乏掌控的情况最大化。你在中层会面对许多相互竞争的优先事项。除了要时刻处理应接不暇的方案与想法外，你还要应对日常管理中的不和谐声音。你并未完全掌控自己的命运，因为你无法制订自己的日程，只能依靠同事来达到目的。

你就是要在这极度模糊、竞争激烈的政治世界中学会政治商这门艺术——这也是第四章的主题。政治由于政客们的原因被视为一个肮脏的字眼，但它却是一项至关重要的技能。它可以让组织为你服务，而不是你为组织服务；它可以让你掌控机器，而不是成为机器的奴隶。在责任分散的世界里，它是成功的唯一方法，但这也远不是学会一套新技能就能实现的。正如表 5.4 所示，它还涉及掌握新的心态。

要想在中层管理中生存，就必须适应和发展。但是在许多情况下，生存远远不够。每当出现机构重组和调整时，中层管理者面临的风险最大。大多数机构重组都涉及调整中层管理者的岗位，而最高管理层往往将其视为大扫除的理想时机。他们可以重新配置岗位，为剔除无用的人——也就是你——找到借口。对于组织而言，中层管理人员的成本较高，而且可有可无，因为总有许多更年轻、更廉价的管理者可以接替你的位置。

管理他人：基层领导	管理一个职能部门、多个团队
管理基层人员	管理管理人员
注重让每个人高效工作	注重让机构高效运作
应对的是人	应对的是政治
对事做出反应	规划未来
维持今天的业绩	改变、优化未来的工作方式
关注今天和本周	关注未来
管理行动	管理预算与资源

表5.4 中层领导所需培养的技能与心态

"要想在中层管理中生存，就必须适应和发展。"

任何一个金字塔结构的公司都有一条无情的逻辑，让你生活在一个"要么上去要么出去"的世界里——你最终不是晋升就是被炒鱿鱼，这对于中层管理者而言尤其残酷。基层管理者可以选择从头再来，或者攻读MBA。高层管理者要么身后有财富做保障，要么另谋高就。你夹在中间，无法从头开始。没有财富做保障，反而还要养家糊口；你也看不到机会轻易跳槽去其他公司。谁说高层艰难？中层更加艰难。

你有三种方法来应对中层管理所面临的生存挑战：

- 晋升
- 生存

第五章　管理商技能：管理你的职业生涯

- 逃离

下面详细介绍一下每一种选择。

晋升

该计划在于认清"要么上去要么出去"的就业本质。不要追求在中间管理层中生存，要逃出中间管理层，向高级管理层努力。这说起来容易做起来难，因为你将被同样有才华、同样勤奋的同事们所包围，而且他们也都在竞争少得可怜的晋升机会。下面几条建议能助你一臂之力：

- 加入一个高速发展的公司或部门，这样便会有更多晋升机会。
- 让全公司和 CEO 都知道你做出的成绩。
- 制订一份让公司高层能够看到的计划，并且表现出你会全力支持高层的任何奇思妙想。主动要求负责有可能给你带来荣誉的项目：负责 CEO 提出的项目便是很好的开始。
- 在高层建立自己的支持和同盟关系网。利用他们作为你的情报网来阻止问题、发现机会、管理信息。
- 让自己身处任何重组或变更项目的中心。对于哪些人、哪些部门要重组，你要成为决策过程的一部分。这可能意味着你要善待咨询师，因为 CEO 会听取他们的意见。

生存

从长远的角度来说，这是最艰难的选项。你在某个位置上待的时间越长，别人就越会觉得你停滞不前。不管是否公平，但你在别人眼里变成了可有可无的人。这种感觉或许是错的，但后果却是实实在在的：你将处于风口浪尖，尤其是在薪水逐年增加的情况下，你会被视为高成本的无用之才。

与晋升选项一样，你要让自己变得无法取代。但是与晋升不同，这种情况不大可能出现在直线管理的情况中，而是更有可能出现在人事或技术领域，因为这些领域非常看重深厚的专业知识和对公司的了解。

但是仅仅做到不可或缺还不够：你得让别人看到你是不可或缺的。与晋升选项一样，这意味着你要在高层培养你的人际网。随着时间的流逝，你会发现有必要支持和培养新人才。一旦他们超过你进入高层，他们会记得一路上谁是他们的朋友，谁支持过他们。你可以成为他们值得信任的顾问，同时又不会对他们构成威胁。

"但是仅仅做到不可或缺还不够：你得让别人看到你是不可或缺的。"

归根结底，生存取决于高层管理者的奇想。许多中层管理者事后才发现，如果只依靠一个人，很可能会以失败告终。忠诚在下面两种严峻的考验面前一文不值：

- 个人利益优先于你的利益，他们的生存优先于你的生存。
- 公司的生存比你的生存更重要。

在这里引用电影《华尔街》(Wall Street) 中的一句话也许不太恰当——"如果你想要忠诚，那就买条狗吧。"许多中层管理者在发现他们所信任和依靠的某个人让他们失望时，会感到义愤填膺。永远不要仅仅依靠一个人，要有备选方案，即逃离路径。

逃离

即便永远用不着，也必须有逃离路径。如果没有逃离路径，你会过于依靠他人，失去影响力。有了逃离路径之后，你就知道自己有不同的选项，这能让你在目前岗位上采取行动时更有勇气、更加自信，而这反过来又能有效地降低需要逃离路径的可能性。

逃离路径有两种。

第一种，你可以去另一家公司担任相同或相似的职务。正如第四章"管理职业生涯"部分所强调的那样，雨水最多的地方植被最为青翠。跳槽可以化解当前的危险，却无法解决长久的生存挑战。你可以通过在公司外部建立关系网来准备逃离路径。你可能有自己的专长，而这个领域里的人都相互认识，因为同事们经常会在公司之间跳槽。要花时间保持这个关系网。2016 年对领英（LinkedIn）网站的研究显示，高达 85%的工作都是通过网络找到的，而不是通过正式的求职。

> "如果你为了工作而生活，依靠工作来维持生活方式，那么你会成为公司的奴隶。"

第二种，工作之外有自己的生活。如果你为了工作而生活，依靠工作来维持生活方式，那么你会成为公司的奴隶。你可以在工作之外有自己的兴趣和选择，将自己从工作中解放出来。你可以通过创业将其货币化。你将发现，创业是职业生涯的一次单向飞跃：一旦体会到为自己打工的恐怖与自由，你几乎不可能再回到公司那台机器中，因为在那里只会为你可能不喜欢、不信任、不尊重的人工作。大多数人发现，当他们为自己打工时，他们是在为自己喜欢、信任和尊重的人工作。

中层管理的性质在不断改变

中层管理反映了管理的性质在过去一代人中发生了多么深远的改变。这是一场革命，老派管理者中的保守派站在历史的错误一方，即错误的障碍一方。

管理原理最初源自军队，这也是唯一在动态环境中大规模管理人员的好例子。大公司就像大部队，也有各种首领和

第五章 管理商技能：管理你的职业生涯

负责人领导的分部，还有各种战略来包抄和消灭竞争对手，基层只需知道在何处发动攻击。这是由命令和控制组成的男性世界里的男性语言。

中层管理者就像军队的中层军官。他们的工作是逐层传达上级命令，再逐层向上级传送信息。他们的自由裁量权有限，而且必须遵守规则，但是他们可以享受特殊待遇：有自己的食堂和车位，可以进入乡间俱乐部，办公室的端茶小姐在给他们倒茶时会对周围地位较低的员工视而不见。他们成为了俱乐部会员。

如果有中层管理者认为自己的工作就是传达命令、上报信息的话，那么他们在公司里的日子不会比那端茶的小姐长，他们都将成为历史。中层管理者早已没有了额外津贴，相反，他们现在有了更多自主权和责任，也将面对更多的不确定性情况。他们既没有基层管理的确定性，也没有高层管理的掌控力。

"如果有中层管理者认为自己的工作就是传达命令、上报信息的话，那么他们在公司里的日子不会比那端茶的小姐长。"

置身于中层管理的位置上，当你看到、嗅到甚至触及到高层管理的天堂，在那里你的权力、掌控力和回报都急剧增长时，你的日子会变得更加难熬。难怪中层管理被称作偏执狂区。

登顶：高层管理

高层管理涉及的不是规模，而是责任范围。一旦管理整个公司，承担盈亏责任，你就成了一名高管。你是公司的君主，这意味着可以是只有10个人的公司的高级经理。这种挑战本质上与一家全球性公司的CEO相同，只是规模不同而已。正如莎士比亚在放荡的哈尔王子在父亲去世后成为亨利五世国王时所说的那样，登基是一个巨大的转变。哈尔的酒肉朋友福斯塔夫很高兴，这是他得到回报的日子：他最好的伙伴当上了国王，整个王国的财富现在都会因为新国王的庇护而飞进他的口袋。至少这是福斯塔夫看到哈尔以新国王的身份与他打招呼时心中的希望。但哈尔已经不再是放荡的哈尔王子，而是新的亨利五世国王，他的答复是：

我不认识你，老头。

不要以为我还和从前一样。

我已经丢弃了过去的我。

（《亨利四世》下部，第五幕，第五场）

亨利五世接着向福斯塔夫承诺，可以将他送进等待着他的坟墓。亨利五世知道，登基意味着彻底改变自己，以前的朋友和盟友与自己不再相关。对于福斯塔夫而言，这种结果过于残酷，与莎士比亚其他剧作血淋淋的结局一样让人震惊。

当你登上最高层时,要记得"不要以为你还是从前的你",并且要准备"丢弃过去的你"。

在你登顶时,有三件事会发生根本变化:

- 你与公司内部人员关系的性质改变了。
- 你必须掌握实权。
- 无论好坏,你都成了榜样。

你与公司内部人员关系的性质改变了

人们经常说高处不胜寒,从一个层面上说,这纯属无稽之谈。你不妨看看高管是如何工作的,他们总是在不停地与人打交道。问题似乎不在于孤独,而在于没有属于个人的时间去思考。

"作为高管,你会变得很孤独,因为你没有一个可以完全信任的人。"

但是,每天坐火车上下班的人都很清楚,身处人群之中也会感到孤独。作为高管,你会变得很孤独,因为你没有一个可以完全信任的人。你会发现,所有人都对你有所求,他们希望你支持一个新的想法,希望得到更多预算,希望你批准某项交易,希望能在最新一轮成本削减中减轻负担。每一次面谈都话中有话,谁也不会把你当作一个人来看待,而是把你与职位、权力和恩惠联系在一起。

这会让人感到很不安。经过20年的层层锻炼，你已经习惯了同事们挑战你的想法，暗中破坏你、质疑你。你成了高管，却突然发现每个人都认为你说的笑话幽默滑稽，认为你的判断无可挑剔；你刚刚提到一个尚不成熟的想法，立刻就有人在消失两周后将这个想法变成了现实。你会看到公司上下都在发生变化，"因为这是老板想看到的"。你挠挠头，想知道大家怎么会认为那就是你想要看到的。你发现对自己所说的话以及说话的对象必须非常谨慎。

你必然会发现自己与团队之间已经有了距离。你得保持客观，不想与高层团队之间出现福斯塔夫式①的关系。但这也带来了一个问题：究竟能与谁坦诚布公地讨论你的想法。大多数高管能分清少数几个可以信任的人：这些人远离公司权力结构，而且没有试图推动的个人项目。他们有可能包括公司之外的顾问、家庭成员、或者不同领域中你可以信任的且富有经验的职员，比如财务部、人力资源部或者规划部。

无论对方是谁，一定要找到某个或某些能够与你分担的人。

你必须掌握实权

到了高层之后，你不再接受计划，而是制订计划。你无需让自己的计划去适应公司更大的计划安排。你得制定计划，让别人去执行。随着掌控力而来的还有不确定性，谁也

---

① 指莎士比亚戏剧中的破落骑士。——译者注

第五章 管理商技能：管理你的职业生涯

不会规定你能做什么或者不能做什么。

正如我们在第四章中所见，掌握实权既重要又困难。有了职位并不意味着有权力。如果你未能掌握实权，那么你就会留下权力真空，任由其他人去填补。公司里的每一位权力巨头都将开心地推动自己的计划。你可能会对自己手中的权力沾沾自喜，因为你在批准、修改或者否决所有送到你这里的项目建议书。但这种掌控纯粹是幻觉，因为你完全是在被动反应。要想掌握实权，你要有自己主动推进的计划，要让其他权力巨头做出被动反应。只有主动出击才能获得权力。

"只有主动出击才能获得权力。"

制订清晰的计划，以此来掌握实权，这就是思想的力量。这听上去应该不陌生，因为这是第四章所探讨的内容。但是，要想全面掌握实权，你需要的不止是一个宏大的想法，你还需要合适的人力与财力。掌控的 IPM 公式包含三个部分：

- 想法（Idea）。
- 人力（People）。
- 财力（Money）。

一旦有了一个大想法，你就需要把合适的人安排到合适的岗位。在这一点上，你必须要铁石心肠：公司的生存远比个人的生存重要。如果有人被安排在了错误的岗位，可以将他们调整到合适的岗位。从理性角度来说，你希望合适的人做合适的事；从政治角度来说，对自己的高层团队进行重组能够展示你在采取行动时无所畏惧，这可以巩固你的权力。如果有人与公司的未来不相符，你要有勇气采取行动——将他们移出去。想法和人员到位后，接下来需要担心的是财力。即便是高管，你仍然必须向上司汇报，要么是董事会，要么是负责集团公司的更高级别的高管。不管是哪一方，他们最终都会从财务结果的角度来评判你是否成功。愿景与团队是否成功完全取决于所取得的结果。

实际上，一旦有了正确的想法与正确的团队，财务结果自然会水到渠成。如果财务收益不好，要么是你的想法不对，要么是团队不合适，唯一例外的可能性是公司的高管不合适。一定要保持出色的财务业绩，免得董事会认为需要更换高管。

无论好坏，你都成了榜样

回忆一下所有与你共事过的高管，你还记得他们的哪些方面？很有可能你不记得他们在哪一年英勇地超出预算6.8%，但是你有可能清晰地回忆起他们是什么样的人。有些人能带给你美好的记忆，有些人则不会。那么别人会对你有什么印象，而你又想给别人留下什么印象？

在任何公司的基层，很容易见到人们对管理层冷嘲热讽，对同事和客户说长道短并拿他们开玩笑，遇到挫折时怒气冲冲、情绪低落。这是人的正常表现。但是，到了高层之后，你却不应该有这种表现，而是需要学会戴上领导的面具。你必须成为其他人学习的榜样，而且你自己也希望他们向你学习。

"如果你的道德标准不高，那么公司其他人也会一样。"

你的行为方式会引起全公司的响应和推广。如果你的道德标准不高，那么公司其他人也会一样；如果你喜欢在出现问题时颐指气使地推卸责任，那么公司必然会有政治上的归罪文化；如果你坚决要求别人只能带着解决方案而非问题来找你，那么各种问题就会被隐瞒，直到演变成危机、彻底爆发并威胁到公司。如果你想知道公司文化源于何处，只需看看镜子中的你。

但这并不意味着你得变成另一个陌生的人——这完全不可能。这意味着你得增强你的优势，减少你的弱势，变成最优秀的你。

除了上述三大挑战外，许多人还会犯一个致命错误：止步于此。如果你不往前走，那么你将永远不知道自己是否能成功；如果你不提问，自然就得不到答案。以下是人们不往前走的原因：

- 他们更喜欢比较舒适的中层管理。
- 他们认为自己尚未做好准备，不想出风头。
- 他们不知道如何得到高层职位。

如果你对此犹豫不决，不妨分析一下原因。我们可以分析一下下面这三个障碍。

他们更喜欢比较舒适的中层管理

有些行业的高层职位看起来像自杀性的职业。英国职业足球主教练的职业寿命只有1.23年。球队老板在输了几场球后的反应就是开除球队主教练，然后再聘用一位被其他球队解雇的主教练。这种走马灯似的做法不利于培养稳定的主教练职业，却有利于培养娱乐媒体。难怪许多职业教练宁愿当一名专家或者幕后工作人员，指导专项技术或者初级团队。

学校也有相同的问题。如果你所在的学校成绩糟糕，或者督导巡视时评价不佳，学校董事会也会开除你。这还只是你面临的诸多问题的开始。与足球主教练不同，如果你已经失败过一次，那么在另一所学校重返领导岗位的难度要大得多。相比之下，系主任的生活突然显得很有吸引力。

他们认为自己尚未做好准备，不想出风头

你是哪种类型的人？

- 相信自己能够边干边学。一旦认为自己有50%的把握可以胜任高层职位，你就可以开始申请。如果成功了，很好；如果失败了，也能获得经验，知道如何运作，并且让猎头公司知道你的存在。对于失败的任何反馈意见都表明，专家组也不知道他们缺少什么。
- 要想在新岗位上取得成功，就需要在做好80%～90%的准备之后才申请高层职位。如果失败了，你可以听取反馈意见，改进自己的不足，将来被任命时更有把握取得成功。

"如果想要高层职位，就必须申请，然后继续申请。"

这里存在着性别歧视。一般来说，男性更有可能属于上面第一种类型的人，靠吹嘘自己得到高层职位。第二种类型的人或许更加诚实，但有可能会被一些比他们差，但是比他们野心更大的人挤到一边。

如果想要高层职位，就必须申请，然后继续申请。如果你等待着高层职位落到你头上，那你会等很久。

他们不知道如何得到高层职位

在职业生涯之初，人们显然需要知道如何得到晋升。你努力工作，实现为自己设定的目标，当人力资源部这台机器突然启动时，你的名字将幸运或者实至名归地出现在晋升名单中。规则很清楚，过程也很清楚。

职位越高，就越模棱两可。没有人会给出获得高层职位所必须达到的具体期望值。晋升规则不仅含糊不清、不成明文，而且不断变化。任命专家组在任命某人出任高管职位时，不仅要看这个人是否具有领导素质，还要看他是否能解决公司所面临的问题。如果公司面临的是成本危机，他们自然希望是一个能削减成本的高手；如果公司要走向世界，他们需要一位全球性的高管；如果是营销和战略问题，那他们会需要一位能够给他们提供清晰出路的人。这意味着在期盼晋升的时候，你需要展示自己具有应对这些问题的解决方案，而这些问题他们可能没有说出来或者自己都没有弄明白。

也就是说，你得寻找能够成功的环境，而且很有可能不在现在的公司之内。如果你是营销天才，但公司面临的是成本问题，那么即便你再优秀也不适合这个高管职位。

如果你想在高管职位上成功，就要做好跳槽的准备。

获得管理商：如何学习成功

人们在成为管理者的过程中得到的帮助很少，学校不会讲授政治技能，也很少教情感技能。我们甚至可以说，学校教给学生的恰恰是错误的智力技能：老师让学生独自完成任务，就一些没有明确答案的预设问题提供答案。如果管理者期望自己能够独自、理性地回答预设的问题，那么他的管理生涯会很短。

第五章 管理商技能：管理你的职业生涯

"人们在成为管理者的过程中得到的帮助很少。"

学校——尤其是商学院——负责教给学生显性知识，却从来不教我们如何思考，这才是问题所在。学校教数学、英语、物理以及复式记账法，却没有"思考"这一学科。大家都认为，只要我们能做代数题、能写出语法正确的句子，我们就能进行有效思考。日常生活中的点点滴滴足以显示这种观点是错误的。大街上那些被社会边缘化的年轻人用刀子来解决纷争，这与倚仗权势来解决争端的自卫型管理者相同：两者均没有接受过心理训练，不知道如何高效地解决此类司空见惯的分歧。

组织内部也存在这种问题。我们做过一项研究，请一些管理者从下列清单中挑选两项他们学习管理知识的最宝贵的来源：

- 书籍。
- 课程。
- 同行。
- 上司。
- 榜样。
- 经验。

约99%的研究对象都没有提及书籍或课程，只有一个人真正认为书籍重要，而这个人大学没有毕业。这表明整个领导与管理发展行业正面临因脱离实际而消亡的危险。对于一本管理书籍的作者而言，这可不是什么好消息。他们所面临的挑战是如何让自己的书籍内容与实际相关、具有可读性并且实用。

在发现如何帮助人们开发管理商之前，我们有必要了解当前的各种努力是如何以及为什么会失败的。许多组织在技术技能方面都提供了很好的专业培训：帮助大家学会所属行业的手艺或技能，无论是法律、财务、证券交易、工程还是会计。但是，在轮到培训智商、情商和政治商时，学员突然在培训那一天有各种理由无法脱身。英国特许人事与发展协会（CIPD）发现，最常见的借口如下：

- 他们工作太忙。
- 家庭或者本人有要事要办。
- 他们缺乏足够的动力。
- 部门经理反对。
- 缺乏在工作中学习的文化氛围。

这些借口需要一些解释：

- 他们工作太忙＝培训不是优先事项。
- 家庭或者本人有要事要办＝培训不是优先事项。
- 他们缺乏足够的动力＝培训不是优先事项。
- 部门经理反对＝培训在上司的眼里不是优先事项。
- 缺乏在工作中学习的文化氛围＝培训对任何人而言都不是优先事项。

第五章 管理商技能：管理你的职业生涯

"没有时间从来都不意味着没有时间，而是表明事情不重要。"

如果给这些人一个机会，让他们与自己最喜欢的电影明星或体育明星约会，或者让他们得到100万英镑，他们很可能会调整繁忙的日程，赶去赴约。

管理培训缺乏梦寐以求的约会和100万英镑那样的诱惑力，原因至少有两点：

- 从参与者的角度来说，大多数管理培训都不尽人意。
- 培训意味着参与者在他们所学的领域有所不足，而这恰恰是很少有人愿意承认的缺点。

我们的研究表明，大多数管理者都从同行、上司、榜样和经验中学习管理方法。这对大多数人而言当然有道理。我们看到某人陷入了困境，就会悄悄将其记录下来，免得自己将来陷入同样的困境中。我们看到某人把某件事做得非常好，也会将其记录下来并模仿他的做法。我们一点点地从所遇到的人和事中乞求、借用、窃取零零星星的管理秘诀。如此一来，我们建立了自己独特的管理DNA，指导我们在大多数管理情况中如何作为。

获得管理秘诀的过程也对成长非常有效。我们无需学习普通情况下适用的理论，而要学习我们独特行业在实际情况中的具体做法。投资银行家要学着喜欢风险，但是对于公务员来说，风险就像超人眼中的氪星石一样危险，所以他们会想方设法远离风险。银行家与公务员学习的是截然相反的课程，却都在学习对他们而言正确的东西。实践中成功的做法总是比纸上谈兵的理论高出一筹。实践总能战胜理论。

然而，这样随机地建立自己个性化的管理秘诀也有不利的一面，其三个主要问题如下：

- 错误的经验。
- 错误的榜样。
- 错误的环境。

如果管理者的学习对象是榜样或经验，那么他们必须有正确的榜样和经验。如果他们得到的是不好的榜样或经验，那他们就会学到不好的东西。每个组织都有几位恶名远扬的上司，人们不得不为他们干活，但许多人心中不愿意。组织中还有一些噩梦般的任务，很少有人能从这些任务中全身而退。

随机地从经验中学习管理可能带来天堂般的管理，也可能带来地狱般的管理，完全取决于管理者在其管理之途中遇到什么样的人和事。培养管理商必须有更好的方法。

"好的框架有助于思考，而不是代替思考。"

本书旨在帮助你构建和加速你的管理之旅。它不是让管理者从随机的经验中学习，而是提供一个框架，让你理解自己所见到、经历和学习的东西。对于能力较弱的管理者而言，框架如同监狱，他们会不顾具体情况，盲目地运用同一种方法。他们成了过程的囚犯，而框架就是监狱的墙壁。对于能力很强的管理者而言，框架有助于他们更快地获得经验。好的框架有助于思考，而不是代替思考。

学会学习：无形的成功秘诀

你真正想学的东西从来都没有文字记录，而且也没有这些方面的培训：

- 我该如何管理上司？
- 我应该何时往前走，何时退回去？
- 我应该冒多大的风险？什么时候冒险？
- 我如何应对一群新手？
- 我此刻如何应对危机？

上述问题即便有答案，也会因情况不同而有所变化：比如同事的性格、你的角色、公司以及国家的文化全都会改变上述问题的答案。本书能给你一些启示，但最终你还得靠自己来建立属于你的成功秘诀。这是好消息，因为你不必再去认同那些连机器人都能轻易复制的抽象的、路人皆知的理论。但这也是坏消息，因为你必须自己寻找答案。你得管理好自己的学习之旅，只要能做到这一点，你就会发现成功的秘密。这将是你的秘诀，因为无人能够复制：每个人都必须自行创造属于他们自己的秘诀。

找到成功秘诀的指令其实很简单，只需问自己两个问题，找到答案后重新开始。要永无止境地重复这个过程。这两个问题十分容易："WWW"和"EBI"。

"找到成功秘诀的指令其实很简单，只需问自己两个问题，找到答案后重新开始。"

"WWW"（what went well）指"什么进展得很顺利"。在每一个重要的会议、电话或事件之后都要问自己这个问题，目的在于抓住自己的成功经验。我们大多数人都认为成功理所当然，并且认定这个世界原本就是这样。但现实截然不同：成功不会永远伴随你。失败背后的原因数不胜数，我们不能假定我们的天赋能自动纠正一切错误。因此，成功的时候要反思成功的原因，以及为成功采取了什么行动。抓住成功的经验越多，你就越能理解自己如何以及为什么会成功，就能开始创建自己的成功指南。

当结果没有如期待的那样顺利时，"WWW"同样重要。即便出了差错，大概也有你做得很好的地方，避免了更大的挫折。同样，要抓住成功的经验，建立自己的秘诀和自信。

"EBI"（even better if）指"如果……会更好"。同样，任何重要的事情发生之后，问问自己有没有不同的办法可以得到更好的结果。常常用来替代"EBI"的是"WWW"的邪恶孪生兄弟：出现了什么问题（what went wrong）。事后进行讨论分析偶尔也很有用，我们许多最鲜活的教训就来自糟糕的结果。我们小时候在触碰过滚烫的东西之后得知火很危险，然后不再犯同样的错误。但是，过于关注负面结果很容易让人失去信心，并且造成团队内部开始相互指责。如果集中精力进行改进，那么你一定会有所改进。你可以将"WWW"和"EBI"用作听取团队汇报的好办法，也可以在独自安静思考时运用这个办法。你将发现，即便是行走在过道中、等待火车或者喝咖啡时，只要反思当天的经历并且反问自己"WWW"和"EBI"这两个问题，你就能让这些空闲时间变得很有成效。坚持下去，你就能按照自己的方式取得成功。

运用管理商：善用与滥用

管理商是一个简单的框架，能够帮助你了解自己以及同事的管理潜能。它将管理分解成一组人人都能学会的技能，也是管理者们借助他人实现目标时所需的技能。我最后给大家提供一个简单的评估工具，你和同事不妨试一试。它涉及本书每一章所提到的技能，因此必要时你可以查阅相关章节。你能否诚实地说出你目前掌握了其中多少种技能？

理性管理技能：处理问题、任务和资金

1. 目标导向

看清自己以及他人渴望得到的结果，通过专注于最终结果来简化问题，朝着目标全力以赴。

续

2. 做出成绩

对于何时取得何种成绩要制定清晰的期望值：承担责任，取得成绩。

3. 做出决策

学习商界中的成败之法（获得商业意识与直觉），重行动。

4. 解决问题

注重可行的解决方案，而非完美的解决方案。

5. 战略思维

理解高级管理中的优先事项，将自己的个人计划与其保持一致，以此来支持更广泛的公司日程。

6. 制定预算

制定现实的增长目标，但实施时要脚踏实地。运用政治技能来管理好预算周期。

7. 管理预算

尽早制定期望值，以避免出现令人不快的意外情况。分阶段执行预算，确保年初完成基本投资。

8. 管理成本

要为年末的资金紧张做好准备，了解什么地方有余额，并且为预算修订进行有效的商谈。

9. 善用电子表格

要理解业务中的关键数字，并运用这些数字不断测试和挑战原先的假设。

10. 了解数字

知道如何运用数字来进行游说，并且运用审核程序为某个项目赢得认同与支持。

第五章 管理商技能：管理你的职业生涯

情感管理技能：处理人际关系

1. 激励他人

要展现出真正重视团队，让别人心甘情愿地追随你。

2. 影响与说服他人

用心倾听，理解他人的计划，协调组织内的不同计划，以此建立支持行动的同盟。

3. 指导他人

帮助他人找到自己的成功秘诀，认识到不同的人有不同的成功之道，不把自己的风格强加到他人身上。

4. 学会授权

将日常任务以及一些有意义、有压力的任务分配下去。制定前后一致的期望值，但不要推卸责任。

5. 应对冲突

平息矛盾，而不要火上浇油。区分哪些战斗值得一战，避免不必要的战斗。

6. 给予非正式的反馈

给团队成员迅速、正面的反馈，以此来培养他们，并且将问题转化为解决方案和行动。

7. 有效利用时间

有明确的短期、中期和长期目标，以及优先事项。不要偏离目标：注重结果，而非行动。

8. 自我管理

要知道自己的动力所在，知道如何影响他人，如何调整自己去适应不同的环境与人。

9. 寻找自己的实践区

即便是在逆境中，也要保持对事态的掌控。保持充足的休息，充

续

分放松自己，不断反思、学习、成长。

10. 学习正确的行为方式

要将组织内最看重的行为当作榜样，不断积极向上，保持职业操守并以人为本。

政治管理技能：获取权力，实现目标

1. 寻找权力资源

知道自己如何才能对组织有价值，然后获得相关的能力与权力，成为组织的宝贵人才。

2. 获得权力

建立并维护自己的业绩，积极寻找、请求、抓住合适的机会。不要等待机会来找你。

3. 建立自己的权力关系网

与关键权力人物建立联盟，寻找能改善长期职业生涯前景的岗位。

4. 运用权力

寻找权力不是为了地位，而是为了有机会在更大的舞台上取得更多成就。要注重做出贡献，而不是回报。

5. 非理性管理的艺术

要懂得何时以及如何出击，何时以及如何给他人施压，让他们竭尽全力。

6. 对上司说"不"

寻找积极的替代方案，通过一些巧妙的问题让上司改变想法，无需直接说"不"。

续

> **7. 权力与正直**
> 即便是在困境中,也要将信任建立在诚实上,并且建立在始终兑现承诺上。
> **8. 掌控**
> 对于什么是重要的、什么必须改变以及如何改变等要有清晰且令人信服的远见。
> **9. 管理变革**
> 注重建立并维持一个支持变革的政治联盟。注重收益、商业案例、行动和结果,而非问题。要以人为本,而不是以项目为本。
> **10. 人员与变革**
> 要管理好人员,让他们顺利度过变革时带来的痛苦与情绪变化。

上述许多技能都不会出现在正式的评估体系中,这也是正式评估体系经常给人以挫败感的原因。正式评估体系无法让人们明白对于一位高效的管理者而言,什么才是真正重要的。虽然管理无处不在,但很少有人敢于给它下定义,而能讲授管理的人更是少之又少。你可能学会了会计、金融和市场营销,却依然不懂如何管理。本书(以及上述评估工具)将帮助你穿透杂音,了解每一位管理者要想在实践中获得成功,必须掌握的关键技能与干预措施。

破解成功秘诀：你的管理之旅

1989年，佛莱迪·摩克瑞（Freddie Mercury）和皇后乐队（Queen）推出了他们的专辑《奇迹》（*The Miracle*），并且在歌中唱道："我想要一切，我现在就想要。"我们现在想要的东西更多，而且更加迫切。这对于现在销售瓶装灵丹妙药的药商而言是天大的好消息。只是我们现在更加老练了，将这些灵药称作替代药物、整体疗法，在商界将它们称作企业重组、核心竞争力、价值创新和共同创造。我们学会这些字眼，服下这些药物，然后……什么也没有发生。

"我们现在想要的东西更多，而且更加迫切。"

数千年，而不是数十年以来，人与企业都在接受各种江湖疗法。我们虽然已经远离了向众神献祭羊的时代，但我们仍然渴望"奇迹"。

对于管理者而言，好消息是这个世界上没有能在5天内将灰心丧气的员工变成杰出管理者的神奇课程。即便他们承诺课程无效会退款，你也无法仅凭每天5分钟的学习就取得成功。管理界的成功没有任何一蹴而就的通用秘诀，这当然是好消息，因为：

- 如果真有一蹴而就的秘诀，那每个人都能得到。与其他管理者相比,你将没有竞争优势,只能去寻找另一个速成秘诀,让自己出类拔萃。

- 如果真的有一种秘诀,那么管理就会变得非常枯燥,人们只需日复一日盲目地运用这种秘诀。尽管人们有时候宁愿只使用一种简单的方法,也不愿意面对管理中各种非常刺激的危险,但几乎没有人愿意在40多年的时间里以同一种方式做同一种事。
- 如果真有一种简单的秘诀,那么我们都会像被洗脑的僵尸一样遵守它。有些管理者早已表现得如同被洗脑的僵尸。其他人则更看重他们是谁,充分发挥自己的优势,小心避开自己(屈指可数且微不足道)的缺点。

因此,我们必须形成自己的成功秘诀。我们从自己和他人的经验中观察、倾听和学习。我们复制、吸取、改造他人点点滴滴的管理秘诀。我们复制自己喜欢的东西,并希望避免犯下别人犯过的错误:即便没有重复他人的错误,我们也会以五花八门的方式把事情搞糟。我们最终形成自己独特的管理秘诀,而这种秘诀在我们独特的环境中发挥作用。完美的管理者如同完美的猎食动物一样不存在:我们像北极熊和狮子一样,依赖于寻找到合适的环境。

当我们迈上各自不同的管理之旅时,我们一路上都需要帮助。无论是本书还是任何其他书籍,都无法提供可以应对所有管理挑战的万能解决方案。但是，只要运用得当，本书可以帮助你加快从经验中学习，从而为你的成功之旅加速。

《管理的艺术——高效管理权威指南》没有提供万能的成功秘诀，但是这样更好。它将帮助你破解自己独特的成功秘诀。

无论你开启什么样的旅程，享受它吧。